U0696107

《东汉缳狩出行图》壁画摹画　现保存于甘肃省博物馆 156 页

甲骨缳缳缳缳缳缳缳缳缳作

孤悬域外数十年　满城皆是白发兵

《国家人文历史》

编著

敦煌英雄

镇守绝域二百年

人民日报出版社

北京

图书在版编目（CIP）数据

敦煌英雄：镇守绝域二百年 / 国家人文历史编著. —
北京：人民日报出版社，2023.12
ISBN 978-7-5115-8106-8

Ⅰ.①敦… Ⅱ.①国… Ⅲ.①敦煌学－通俗读物
Ⅳ.①K870.6-49

中国国家版本馆CIP数据核字（2023）第236166号

书　　名：敦煌英雄：镇守绝域二百年
　　　　　DUNHUANG YINGXIONG：ZHENSHOU JUEYU ERBAI NIAN
作　　者：《国家人文历史》

出 版 人：刘华新
选题策划：鹿柴文化
特约编辑：缪红建
责任编辑：张炜煜　　贾若莹

出版发行：人民日报出版社
社　　址：北京金台西路2号
邮政编码：100733
发行热线：（010）65369527　65369846　65369509　65369512
邮购热线：（010）65369530　65363527
编辑热线：（010）65369514
网　　址：www.peopledailypress.com
经　　销：新华书店
印　　刷：三河市华润印刷有限公司
法律顾问：北京科宇律师事务所 010-83622312

开　　本：880mm×1230mm　　1/32
字　　数：169千字
印　　张：8.5
版次印次：2024年6月第1版　　2024年6月第1次印刷

书　　号：ISBN 978-7-5115-8106-8
定　　价：49.80元

自张骞凿通西域，维系与亚洲腹地的交通，河西走廊就成了衡量中原王朝实力的准绳。如果失去了河西走廊，中原王朝难以向西发展壮大，丧失与西域的联系。到了隋唐时期，国力上升。先有隋炀帝西巡河西走廊，后来唐太宗设立安西都护府、武则天设立北庭都护府，中原王朝在逐步控制了西域地区的同时，获得了巨大的发展机遇。

安史之乱，导致唐朝国力一落千丈，唐廷在平叛过程中抽调了大批的西部驻军，西部各地逐渐被吐蕃吞并，但河西走廊的人民早已将自己视为"唐朝人"，他们向往大唐的生活，在被吐蕃统治六十余年后，依旧不忘故国，举起义旗，以"归义军"为名，与长安遥相呼应。

目录

西域记｜盛唐

一部河西视角的简明唐宋史 序

　　河西走廊是指从武威到敦煌之间一千多公里的狭长地带，汉唐时期是中原王朝控制西域的交通要道，是保证丝绸之路畅通无阻的关键地段。长期以来，我们讲述中国古代的历史演变总是习惯站在中原视角，对于河西走廊，大都将其置于中原王朝兴衰轨迹中，或者时隐时现，或者只是简单提及，少有立足于河西走廊本身对其历史进程作出全景式叙述的著作，尤其缺少这方面兼具学术性和普及性的大众读物。《敦煌英雄：镇守绝域二百年》填补了这方面的空白，在国家"一带一路"倡议的背景下，其出版可谓正当其时。

　　本书以隋和唐前期中原王朝在西域的开拓和经营为背景，详细叙述了安史之乱导致唐朝被迫放弃对西域的经营，以及吐蕃占领河西走廊，突厥、吐蕃和回鹘等势力在河西的角逐过程。全书的主线是晚唐五代沙州（敦煌）归义军地方政权的兴衰，围绕这条主线，书中历叙了唐宋时期在河西及其周边地区先后存在的各个政权和各种政治力量的发展演变，并将这样一种看似混杂的多线索历史进程置于晚唐五代和北宋时期的历史大脉络中加以梳理。其叙事结构独具匠心，文字表述引人入胜。即使是对这个时期河西地区的历史全无了解的读者，也能够跟随书中生动的描述获得大量的历史知识，把握牵动中古历史走向的河西脉络。

近年来，中国史学界的区域社会史研究取得了丰硕成果，提供了许多深入的认识和牵动性课题。但限于史料寡少，区域史的研究重点是明清时期的南方地区，对于在汉唐时期有着深刻影响的河西走廊，大体还是在传统王朝历史叙事的背景下加以认识。事实上，无论是史料和遗迹留存的丰富程度，还是对历史进程影响的深远程度，河西走廊都是汉唐历史研究走向深入的最重要的研究区域。

本书受到了区域社会史研究的影响，力图通过对区域内历史脉络、政治力量和民族关系的认识，来实现对唐宋时期整体历史的把握，致力于写成一部河西视角的唐宋史。

河西视角的唐宋史，与以唐、宋朝廷为中心的王朝正史相比，不仅补充了更多发生在河西走廊的惊心动魄的故事，使得在王朝兴衰的宏大叙事中时断时续、支离破碎的河西地方史变得完整和连贯，而且为深刻理解晚唐五代和北宋政权国力衰落的背景和原因、深刻理解中国古代王朝从汉唐到宋代模式的转变的战略理念和治理实践，提供了独特的历史线索和丰富的历史案例。

要理解唐朝走向盛世的时代背景，离不开河西和西域。唐朝前期，国力强盛，对敦煌以西、葱岭以东的广大西域地区实施着有效的治理，影响力及于更远的中亚地区。正是由于对西域经营和治理的成功，唐朝成为名副其实的世界性国家。

在唐前期的强力经营下，天山南北的安西、北庭两个都护府，曾经被纳入陇右道的州县体系，众多文人士子出使或任职于这片广袤的土地。唐朝的文化气象因此呈现出前所未有的大度和恢宏，描写走向朔漠关山、追求建功立业的边塞诗，成为盛唐气象的核心风格体现。唐朝在西域或安西的政治影响，以及安西作为文学意象托起的盛唐风骨，都是以有效经营了河西地区为前提的。

要理解唐朝国力衰落的实际境况，同样离不开河西和西域。安史之乱爆发后，唐朝抽调陇右、河西以及北庭、安西驻军入援平叛。吐蕃乘虚而入进占河湟之地，切断了唐朝与安西、北庭之间的交通线路。《旧五代史·外国列传二·吐蕃》对此做了概括描述："初，唐分天下为十道，河西、陇右三十三州，凉州最为大镇。天宝置八监，牧马三十万，又置都护以控制之。安禄山之乱，肃宗在灵武，悉召河西戍卒收复两京，吐蕃乘虚取河西、陇右，华人百万皆陷于吐蕃。"由于吐蕃占领河西走廊，北庭和安西逐渐淡出了唐朝士人的视野。唐代士人诗文创作中对安西的描写，在安史之乱之前和之后便存在着由具体认知到隔空想象的转变。盛唐时期王维在《送元二使安西》中充满激情地纵情高唱："劝君更尽一杯酒，西出阳关无故人。"是对友人出使安西建功立业的鼓励和壮行。中唐诗人张籍在《凉州词》中浅吟低唱："无数铃声遥过碛，应驮白练到安西。"则是对盛唐煊赫边功和繁华丝路贸易的美好遐想；而诗歌中呈现出来的唐朝衰落景象，则是唐朝丢失了河西走廊之后人们的向往与无奈。

要理解唐朝无可挽回地走向衰亡，还是离不开河西和西域。位于河西走廊西端的敦煌（沙州），是东西方经济文化交流的枢纽，是中原王朝经略西域的咽喉之地。从唐代宗广德二年（公元 764 年底）到大历元年（公元 766 年）一年多的时间里，吐蕃接连攻陷河西重镇凉、甘、肃三州。《元和郡县图志》载瓜州的陷蕃在大历十一年（公元 776 年），沙州陷落则在唐德宗建中二年（公元 781 年）。

据颜真卿于大历十三年（公元 778 年）三月所撰《唐故太尉广平文贞公宋公神道碑侧记》，担任河西节度行军司马、坚守敦煌十余岁的宋衡（宋璟之子），是在大历十二年（公元 777 年）十一月因沙州"为贼所陷"而由吐蕃送归长安的。沙州陷落六十多年后，张议潮于唐宣宗大中二年（公元 848 年）起兵，带领沙洲民众摆脱了吐蕃的统治，宣布回归唐朝，被授任为沙州防御使、归义军节度使，一度收复了包括凉州在内的河西诸州。随后，张议潮于唐懿宗咸通八年（公元 867 年）被召入朝为质，此时朝廷基本放弃了对河西的经略，且对张议潮及其家族势力进行打压和分化，并始终不授予节度使的头衔。

敦煌和河西诸州是归义军自身打出来的地盘，政治腐败、国力衰弱的唐王朝对其戒备和打压，有着充足的理由，这是一个衰弱的朝廷无法摆脱的宿命，其后果却是毁灭性的，不仅敦煌与河西诸州因迅速脱离唐朝的统治而陷入纷乱，唐朝也已经走到了灭亡的境地。

归义军延续了200年，到宋仁宗景祐三年（公元1036年）李元昊灭亡沙州回鹘，至此灭亡。

因为本书是以归义军及其基地敦煌为主线，所以对北宋和西夏在河西的争夺，以及北宋两次收复河湟的行动都有所交代——作为"尾声"，描绘了中原王朝向西发展的努力。这部分内容对于以往宋史叙事中对河西走廊形势变迁连续性的忽略，也是一个很好的补充。

综括言之，这部讲述唐宋时期河西历史的大众读物，有着鲜明的通史意识，关注大时代的政治格局和大视野的地理形势，紧密依托敦煌石窟中的丰富材料，贴切捕捉唐人诗歌中的时代讯息，是一部不可多得的唐宋时期河西通史，也是一部具有独特视角的简明唐宋史。

是为序。

2024年1月16日于回龙观寓所
中国人民大学历史学院教授　刘后滨

张议潮统军出行图
莫高窟中最波澜壮阔的晚唐史诗

　　自张骞凿通西域，维系与亚洲腹地的交通，河西走廊就成了衡量中原王朝实力的准绳。如果失去了河西走廊，中原王朝难以向西发展壮大，丧失与西域的联系。到了隋唐时期，国力上升。先有隋炀帝西巡河西走廊，后来唐太宗设立安西都护府、武则天设立北庭都护府，中原王朝在逐步控制了西域地区的同时，获得了巨大的发展机遇。

　　安史之乱，导致唐朝国力一落千丈，唐廷在平叛过程中抽调了大批的西部驻军，西部各地逐渐被吐蕃吞并，但河西走廊的人民早已将自己视为"唐朝人"，他们向往大唐的生活，在被吐蕃统治六十余年后，依旧不忘故国，举起义旗，以"归义军"为名，与长安遥相呼应。

彼时，晚唐于安史之乱的余殃中残喘出一线生机，却又受困于藩镇割据，内忧外患，49岁的张议潮于沙州起事，率归义军奋战十三年，光复了重镇敦煌，光复了凉州，重新打通沉寂了半个世纪之久的河西走廊，使得"六郡山河，宛然而旧""沙州一郡，人物风华，一同内地"。

在如今敦煌莫高窟的156窟南北壁及东壁南北两侧底部，有一幅绘于晚唐时期、表现大唐节度使统军出行时赫赫军威的长卷式壁画，高105厘米，长820厘米，画上人物共114身，鞍马80身，无论人马，皆雄姿壮丽，气派非常。

画面正中绘制一人，鞍马和人物皆比其他人大了一圈：此人头戴白纱幞（fú）头，身穿圆领红袍，坐下白马，手执短鞭，在八名步骑"银刀官"的拱卫之下统军出行，后随子弟军，拥着"信"字大旗。画旁题书"河西节度使检校司空兼御史大夫张议潮统军（驱）除吐蕃收复河西一道行图"，简称"《张议潮统军出行图》"。

画中这位人物，正是晚唐时期归义军第一任节度使——张议潮。虽题为河西节度使，但张议潮一生都未获得过真正的河西节度使旌节。

弹指之间，现存于法国国家图书馆的《敦煌遗书》中记载了这样一件"亦真亦幻"的奇事。大中四年（公元850年），唐宣宗忽然收到来自失陷已久的河西的消息。从沙州（敦煌）赶来的高进达自西而行，不远万里奔赴长安，奉命向大唐皇帝报捷——沙州光复。此行九死一生，悲歌泣血，君臣闻讯无不落泪，宣宗怔怔叹道："关西出将，岂虚也哉。"之所以说这件事奇幻，是因为这是自河西陷蕃六十余年以来，大唐第一次听到来自这片故土的消息。接着，大中五年（公元851年）五月，一个叫悟真的沙州和尚再次入朝报捷。当年七月，张议潮之兄张议潭，奉瓜、沙、伊、西、甘、肃、兰、鄯、河、岷、廓十一州的图籍，第三次入朝报捷。至此，除凉州外，河西重镇全部光复。

从敦煌出发的使者团要绕过吐蕃、回鹘（hú）①、嗢（wà）末、党项人的部落，绕过尚未收复的凉州……到他们抵达长安的那一刻，失落近七十年之久的河湟之地，再次回归大唐怀抱。

安史之乱，惊破"霓裳羽衣曲"

故事还要从安史之乱说起。天宝十四载②（公元755年）十二月十六日，三镇节度使安禄山脱掉了"父慈子孝"的婴儿

————————

① 回鹘即回纥，唐贞元四年（公元788年），回纥上书唐廷请求改称。后文代指人种、古文引用等，皆依附原文与时间线，即回鹘、回鹘人代指公元788年后的回鹘部落。
② "天宝"为唐玄宗李隆基的年号，共计使用15年。天宝三载正月朔，改"年"为"载"。故本书在天宝三载后的同一年号中统一改年为载。

面具（唐玄宗和杨贵妃曾为安禄山举行婴儿洗三礼），将脸一抹，化身为葬送盛唐的"罗刹"，伙同同乡史思明悍然发动了改变历史走势的安史之乱。一时间，"渔阳鼙（pí）鼓动地来，惊破霓裳羽衣曲"。未几，洛阳陷落，潼关失守，天宝十五载（公元756年）六月，安禄山占领长安。玄宗仓皇"南幸"，逃至马嵬驿后六军不发，龙武大将军陈玄礼诛杀杨国忠并请杀杨贵妃以安军心。杨贵妃被刺死后，玄宗入蜀避难，太子李亨分兵北上，于灵武称帝，组织平叛，遥尊玄宗为太上皇，史称唐肃宗。

在这一场突如其来的变故中，久不闻兵事的官军无力抵挡安禄山叛军突如其来的闪击。为了平叛，安西、北庭都护府所辖的河西军马半数被征调至内地勤王，一场旷日持久的战事就此展开。

八年之后，安史之乱终被平定。在这场伏尸百万、流血千里的平叛中，西北的将士多有战死者，安西节度使封常清、高仙芝被谗言所害，以"失律丧师"之罪被处斩，曾经威震西北的陇右节度使哥舒翰也兵败被害，西北力量空虚。

与此同时，崛起于青藏高原的吐蕃日益强大，开始对河西之地鲸吞蚕食。除了吐蕃，回纥、党项各部族也寇边犯境，兼吞河、陇。北庭、安西都护残部拼死抵抗，无奈孤木难支。少了朝廷的支援，虎视眈眈的各部族越发跋扈，"回纥擅出鸿胪寺，白昼杀人，有司擒之，上释不问"。

大唐神威，一去不复返了。

唐代宗时期，郭子仪入朝，向皇帝说起边关之事，痛陈道：朔方，是国之北门，很多战士都被牺牲了，每十个人中才有一人能活下来。现在吐蕃占据了河、陇两地，聚集了羌、浑等多个部族，实力强大了十倍。希望能尽早遏制其扩张，各地调集精兵，组成四五万人的军队，足以制胜。说到恳切处"至涕泗交流"。（《资治通鉴》卷二二五）

可此时的唐朝廷已今非昔比。饱受藩镇之苦后，朝廷已将削藩作为头等要务，纵然有心边关之事，却也腾不出手。至代宗广德元年（公元763年），吐蕃人已经攻陷兰、廓、河、鄯、洮（táo）、岷、秦、成、渭等州，尽取河西、陇右之地，切断了安西、北庭与中原的联系。"数年间，西北数十州相继沦没，自凤翔以西，邠（bīn）州以北，皆为左衽（rèn）矣。"（《资治通鉴》卷二二三）

遥想当年，长安城的开远门外，立着一个牌堠（hòu，记里程的土堆），上面写着："西去安西九千九百里。"这是大唐极盛时期版图的写照，如今纵然百官落泪，群英泣血，也只能扼腕感叹一句："平时安西万里疆，今日边防在凤翔。"

贞元二年（公元786年），大唐的边陲沙州（敦煌）失陷，原本那个沟通西域、富庶天下的河西走廊，与中原彻底断绝，互相不知存亡。又过了六年，贞元八年（公元792年），坚守到"万里一孤城，尽是白发兵"的大唐西域最后一座孤城西州，像一根在狂风骤雨中毅然挺立的顽强烛火，在蜡尽油干后熄灭。自此之后，大唐的旗帜彻底消失在西北的茫茫大地上。

在这样一个风雨飘摇的时代，张议潮出生了。唐德宗贞元十五年（公元799年），张议潮出生在沙州的鼎族豪宗——敦煌张氏。这一年四海荒荒，生民失业，距离河西重镇沙州陷落吐蕃之手已过去十三年。十三年来，河西成为飞地，昔日威震陇西的安西、北庭都护府早已成为过去，"天下称富庶者无如陇右"已成笑谈。

忠魂不灭，张议潮成长史

吐蕃占领河西后，采取了残暴的统治方式。当地百姓，丁壮者则掳为奴婢，种田放牧，强迫劳作，对老弱妇孺则动辄"断手凿目"，弃之道旁。他们大肆劫掠人口，将本来世代耕种的陇西百姓大批迁徙，分给吐蕃属部羌、浑等部落。五六十年过去了，边境再无中原王朝的消息，仍然记得大唐故土的人要么已老，要么已死。

在这种情况下，赤血丹心的忠勇、被奴役的遗民也毫无办法。从史料中我们知道，张议潮之所以能抵御吐蕃同化，在中原王朝音信全无，甚至在不知唐朝年号的情况下还能有不忘故国的信念，与他家族世代在沙州任军职有密切关系。

张议潮的父亲张谦逸是沙州当地职位最高的汉人官员，为人"高踪出俗，劲节冠时，誉满公卿，笑看宠辱"，在国耻邦危之际，一直心系汉祚（zuò），家中典藏了当年沙州都督府的峥嵘往事。

年少时，张议潮就表现出极强的爱国情怀，少好文史，长通韬略，论兵讲剑，蕴习武经，常以唐朝大将封常清为自己的偶像。封常清在开元年间接替大将高仙芝升任安西四镇节度使兼任北庭节度使，统领河西兵马，后率领唐军出击大勃律，"大破之，受降而还"，屡立奇功，将兵锋进抵吐蕃故地。诗人岑参曾在天宝年间远赴边塞，投入封常清麾下成为幕僚，见证了他消弭边患、威震西域诸国的功绩，记述："西边虏尽平，何处更专征。幕下人无事，军中政已成。"也是在这个阶段，岑参写下名篇《白雪歌送武判官归京》："北风卷地白草折，胡天八月即飞雪。忽如一夜春风来，千树万树梨花开。"诗中的边塞虽苦，整体意象却是壮美的，以磅礴的气势勾勒出西北边地的奇寒，以峰回路转的笔调摹写出西北边地的浪漫奇观，处处透露的仍是盛唐的气息。

安史之乱爆发后，封常清被调往内地靖难勤王，后被宦官边令诚诬告，与高仙芝一起坐罪处斩。临死前献上表章《封常清谢死表闻》，字字泣血，忠心天鉴。

张议潮年少时曾手抄这篇遗书，后来，该抄本随众多佛经典籍被封入莫高窟藏经洞，千年后（20世纪初期）被道士王圆箓意外发现，又被法国人伯希和带走，现存于法国巴黎国家图书馆《敦煌遗书》p.3620，尾题有"未年三月廿五日学生张议潮写"。文中的"长安日远，谒见无由……仰天饮鸩，向日封章，即为尸谏之臣，死作圣朝之鬼。若使殁而有知，必结草军前。回风阵上，引王师之旗鼓，平寇贼之戈鋋"，恐怕是早年的张议潮最能与之共鸣的地方。

年近五旬，毅然举旗起义

大中二年（公元848年）三四月间，蛰伏至49岁的张议潮终于抓住机会，在沙州毅然率众起义，揭开河湟失地誓心归唐的壮烈篇章。

《张淮深碑》记载，张议潮"上明乾象，下达坤形。观荧惑而芒衰，知吐蕃之运尽"。上指乾卦，代表天、父、君、刚、阳；下指坤卦，代表地、母、民、柔、阴。张议潮通过观看天象，见到火星（荧惑）的光芒逐渐衰微，就知道吐蕃国的运势已经到了尽头。在古代，以占卜、观天象为主的天命观成为中国古代战争的一项常规指导思路，以阴阳、运势、异象来提振士气，有时也假借鬼神之名，预测可能发生的军事变动。

张议潮为什么知道吐蕃气数已尽呢？当然不是碑文上艺术

性记录的观天度地那么简单，而是天时、地利、人和共同汇聚的结果。

会昌年间（公元 841—846 年），天时的天平偏向了日渐衰微的唐朝，由于气候的变化和吐蕃管理的混乱，连年的灾荒让吐蕃国力衰减，粮食成为遏制吐蕃扩张的一大阻碍，而多年来吐蕃在西北的烧杀劫掠大大减少了劳动力，使得万亩良田尽成焦土，在没有储备粮的情况下，常常是"人饥疫，死者相枕藉"。此外，北方的回鹘也在这时因饥荒破国。

地利方面，吐蕃末代赞普朗达玛因为灭佛运动引起了广大佛教信徒的不满，被密宗高僧拉隆·贝吉多杰射死在拉萨大昭寺前。他死后，云丹、沃松二王分裂，吐蕃进入军阀混战时期，身为吐蕃洛门川（今甘肃武山东南）讨击使的论恐热（又叫尚恐热）自封吐蕃大相起兵"靖难"，拉上党项、嗢末、吐谷（yù）浑三个部族，大反云丹。号称"天道助顺，功无不成"。就在论恐热挥师西进，势如破竹，以为要成为吐蕃新王时，却被吐蕃鄯州节度使尚婢婢诈降后伏击，尚婢婢部将拓跋怀光大败论恐热于南谷，随后二人攻伐不断。论恐热为人残暴，《资治通鉴》对其暴虐的行事记载得非常详细："遂大掠河西鄯、廓等八州，杀其丁壮，劓刖（yì yuè）其羸老及妇人，以槊贯婴儿为戏，焚其室庐，五千里间，赤地殆尽。"河陇百姓饱受兵灾之苦，却也因吐蕃内乱，让张议潮等人看到了趁乱光复河西的希望。

14

人和方面，唐廷、陇右百姓与张议潮所率起义军同心盼复。

东面是唐廷，在边关事宜上被压迫多年的朝廷终于开始反击，武宗会昌末年遣刘濛巡边，设备边库，谋复河湟的事例。大中元年（公元847年），河东节度使王宰率代北诸军于盐州大败论恐热。

中间是陇右百姓，数十年思归的唐民趁着吐蕃内讧，纷纷策动在吐蕃为官的遗民叩塞请降。大中三年（公元849年）二月，吐蕃秦州（今甘肃秦安西北）、原州（今宁夏固原）、安乐（今宁夏中宁西）三州及石门、驿藏、木峡、特胜、六盘、石峡、萧关七关守将纷纷请降。

唐廷打开了久久封闭的国门，下诏出兵，军容威整地接收三州七关之地，泾原节度使康季荣、灵武节度使朱叔明、邠宁节度使张君绪、凤翔节度使李玭（pín），四镇节度使同时西进，接应陇右遗民，此行将士高歌猛进，几乎兵不血刃地收复了三州七关，只凤翔兵与吐蕃战于陇州，其中泾原军的前身系驻扎于西域的安西军和北庭军，当年为赴难随猛将李嗣业回援关中。

这次收复虽未打通河西，却使得长久低迷的唐军士气为之一振。大中三年（公元849年）八月，三州七关军人百姓千余人赴长安面圣，宣宗亲临延喜门接见河陇军民，众皆欢呼跳跃，当即换回汉人衣冠。《资治通鉴》卷二四八载："八月，河、陇老幼千余人诣阙，己丑，上御延喜门楼见之，欢呼舞跃，解胡服，袭冠带，观者皆呼万岁。"

再看处于孤悬之境的沙洲，张议潮于稍早时动心起念，在不知道唐廷动向的情况下，做出了东进长安、打通河西的决定。这一年，张议潮 49 岁。他在沙州府衙前振臂起义，"率貔貅（pí xiū）之众，募敢死之师"，奋战收复了沙州，继与吐蕃守军交兵。张议潮接管了沙州后，吐蕃军前来镇压，将沙州团团围困，张议潮又"启武侯之八阵，纵烧牛之策"，大破吐蕃。

夺取沙州后，张议潮剑锋直指瓜州，趁势攻克瓜州，在瓜、沙二州立稳脚跟。立即派遣高进达等人奔赴长安报捷。为保证消息顺利抵达长安，张议潮一连派遣十支使团，分十路前往长安，这支心系汉祚的无名使团，或死在奉天（今陕西乾县），或死在回鹘，或死在吐谷浑，或死在吐蕃，其慷慨悲歌，与东汉十三壮士归玉门相仿。

张议潮起事收复瓜、沙是在唐廷收复陇右三州七关之前，因此有首义之功。在夺取瓜、沙二地后，张议潮并未停止远征，而是加紧了东进的步伐，攻城野战，克获张掖、酒泉等地。

书接文首，张议潮之兄张议潭于大中五年（公元 851 年）七月奉瓜、沙、伊、西、甘、肃、兰、鄯、河、岷、廓十一州的图籍，作为第三队使团抵达长安报捷。宣宗大喜之余，颁布诏令，宣布在沙州置"归义军"，授张议潮为归义军节度使、十一州观察使、检校吏部尚书，兼金吾大将军，张议潮所率兵马，终于有了自己番号的归义军正式登上历史舞台。

十三年来，张议潮率领归义军南征北战，东荡西除，恢复唐土。咸通二年（公元861年），河西最后一座重镇凉州光复，吐蕃势力被逐出河西之地，河西走廊再次被打通。

此时的张议潮，已年过花甲。史书这样记述张议潮收复失地的功绩："（张议潮）果能抗忠臣之丹心，折昆夷之长角。窦融西河之故事，见于盛时；李陵教射之奇兵，无非义旅。"（《全唐文》卷七五〇）

在完成了光复西北的大业后，张议潮的历史使命就此完成，随即受诏前往长安。入朝后，朝廷授其为右神武统军，晋升为司徒，并赐宣阳坊宅第，给予优厚礼遇。五年后，年逾古稀的张议潮病逝于长安。这个少时以封常清为榜样的关西之将，实现了年少时的宏愿，为大唐立下不世之功。

张议潮呕心沥血收复的河西，在日渐衰弱的唐朝统治下，又将走向何处？这面大唐归义军的旗帜，又将为大唐矗立多少年？他与归义军的时代悲歌，是流淌在中国人血液里的家国大义。

盛唐

西域记

隋炀帝西巡
西域丝绸之路重新打通

"滔滔下狄县，森森肆神州。"

一千多年前，一次出游过程中，心情颇好的隋炀帝经过渭源（今县北）时，目及沿途景观，留下这首诗作。此时的他或许并不知道，这次始于长安，途经扶风、陇西、狄道等地，长达十一个月的出巡，不仅被史书工笔如实记录，更再度开启中原王朝与"神秘"西域的交流。

史书称其为"炀帝西巡"。它的背后有着何许故事？

决意西巡：一场征服与检阅

大业五年（公元 609 年）三月，正值暖风和煦，草长莺飞，簇拥着皇家仪仗的车马和四十万大军一起，浩浩荡荡地从长安出发。车上坐着的不是别人，正是隋朝的第二位君主——隋炀帝。

与以往的玩乐不同，此去路途漫漫，为的是解决一个"心头大患"。

事情还得从隋文帝时期说起。北周覆灭，一个中央集权国家——隋朝正式出现在版图中。历经一番金戈铁马，汉末以来四百余年的分裂格局基本宣告终结，诸番邦虽然说不上是完完全全的心悦诚服，但大多守着自己的地盘，放羊牧马，休养生息，没来给隋文帝添堵。其中，却偏有例外。

吐谷浑便是其中之一。吐谷浑也被称为吐浑，算是鲜卑族中的一支，大约在 4 世纪时举族来到甘肃与青海之间，与羌人杂居。别看吐谷浑向来靠畜牧为生，与水草为伴，可要说起来，算不上安分。隋开皇初期，吐谷浑可汗夸吕就时常率军骚扰隋朝边境，四处抢掠。面对吐谷浑的挑衅，文帝也没忍，派遣乐安郡公元楷等人带领大军讨伐。多次交战后，隋军虽取得了关键胜利，使得部分吐谷浑兵败归附。

后来，大隋公主嫁入吐谷浑，二者恩怨渐渐平息，两国也开始化干戈为玉帛。开皇十七年（公元 597 年）吐谷浑发生内乱，慕容伏允继位为首领，隋文帝将光化公主嫁予伏允，两国再次结亲，吐谷浑对毗邻的隋王朝也开始"朝贡岁至"。只是，如此的"表面平静"终归没能维持太久。

这一次，故事的主人公换成了另外两位关键人物。其一是隋炀帝，其二是裴矩。

裴矩出身世家，尤其擅长谋划和外交。炀帝将裴矩派往张掖主持互市工作。裴矩把互市搞得像模像样，还在工作间隙积极结交外国使者、商客，把西域四十多个国家的自然、地理、风土人情摸了个七七八八，更在这基础上写出了《西域图记》三卷，献呈炀帝。

裴矩如何受宠还是后话，问题的症结就出现在《西域图记》上。其间绘制的西倾山以北、贝加尔湖以南纵横两万里的地图，还有从河西走廊到地中海的三条商路，掀开了西域的神秘面纱。遗憾的是，历经沧海桑田，如今只剩《西域图记》的序言存世。而在这份序言中他郑重其事地分析了西域形势，还汇报了自己的重要发现。简单来说，裴矩发现，西域诸国早就有了与中原互通商贾、依附隋王朝的愿望，可惜中间多了两块绊脚石——突厥和吐谷浑。这二者国力相对强大，对诸番邦存在相当大的震慑力，以至于小国小邦不敢轻举妄动。尤其是吐谷浑，盘踞在河西走廊附近，地处要道，霸占着重要商路不说，还有着随时长驱直入的风险。裴矩进而向炀帝献策，要想诸国真心归附，实现"混一华夏"，那就得"诸蕃既从，浑、厥可灭"。

大业四年（公元 608 年），隋王朝第一次出手。裴矩说动弹汗山一带的部族铁勒出兵吐谷浑，吐谷浑大败。炀帝派安德王杨雄、许国公宇文述等人前往追击，宇文述等先后在曼头城（今青海兴海县北）、丘尼川再次痛击吐谷浑，"斩三千余级，获其王公以下二百人，虏男女四千口而还"。双方第一次交手在吐谷浑的惨败中落幕。

怎奈吐谷浑还是没安生下来，前脚隋军刚刚得胜回朝，后脚首领伏允就带兵卷土重来，开始侵扰张掖。

隋大业五年（公元 609 年），庞大的车马与军队从长安出发，炀帝西巡开始，针对吐谷浑的彻底征服与清剿也拉开了序幕。五月二十日，隋炀帝一行到达浩亹（mén）川。此时的伏允率部据守覆袁川。炀帝派遣名将元寿向南进驻金山，兵部尚书段文振向北进驻雪山，将军张寿向西进驻泥岭，形成了对吐谷浑的四面包围。伏允抵挡不住，只能率骑兵出逃。五月二十六日，右屯卫大将军张定和的副将柳武建大破吐谷浑军，吐谷浑汗国仙头王率领部众向隋投降。六月二日，决战打响，卫尉卿刘权率兵出伊吾道进攻吐谷浑，这一战直接追击到青海，吐谷浑的首都伏俟（sì）城被攻陷。

随着伏允兵败出逃党项，追击战在隋朝的决定性胜利中画上句号，吐谷浑的势力至此被基本清除，盘桓在隋王朝身边的潜在威胁几乎化为乌有。

齐聚张掖：汇集西域诸国的盛会

大业五年六月十七日，解决完吐谷浑的炀帝又干了一件大事儿。夏意正浓，这一天，位于祁连山北麓的焉支山上草色清新，大草滩上支起了一座极为华美贵气的行帐。

隋炀帝与高昌王、伊吾吐屯设等西域 27 个国家的使者在这里举行了"万国博览会"。帐外，陈列着诸国商旅从西域带来的玉石、马匹、珠宝、香料等。

隋炀帝在历史上是出了名的好奢靡、讲排场，仅仅一场宴会显然是不够的。他反客为主，邀请高昌王和伊吾的吐屯设等人继续欢宴。席间，炀帝特地要求乐人宫伎们演奏起《九部乐》。《九部乐》由隋初的《七部乐》发展而来，包括清商乐、西凉乐、龟兹乐、疏勒乐、康国乐、安国乐、天竺乐、高句丽乐、礼毕（又称文康乐）九种乐舞，相当于当时的中外经典乐舞大合集。

炀帝使出浑身解数终于让自己过足了瘾，客观上也彰显了隋朝的强盛。受此影响，吐谷浑彻底臣服，土地均被隋王朝收入囊中。

为方便管理，征服吐谷浑后不久，隋朝特设西海（今青海湖西）、河源（今青海兴海东南）、鄯善（今新疆若羌）、且末（今新疆且末县）四郡，各辖二县，共四郡八县，大量罪人被流放至此，成为当地戍卒。吐谷浑的臣服很快引起连锁反应，一时间，大量西域使节入朝拜贺，宣布臣服，其中，伊吾吐屯设更是献出数千里的土地。不久后，隋朝设置伊吾郡，现在的新疆哈密地区正式接受中原王朝管辖。

此时，大隋坐拥近两百郡，一千两百余县，有户八百九十多万，国土东西长九千三百里，南北宽一万四千八百一十五里，国力几乎攀至巅峰。不仅如此，吐谷浑归附后，炀帝特派兵将把守沿途，保证再无流寇骚扰过路商队，自此"道路无壅（yōng，阻塞）"，源源不断的特产珍宝作为商品流通于中西之间，这条贯连着中原和神秘西域的道路彻底畅通。

春去秋来，秋过冬至，直到十一月，炀帝一行才历经艰辛返回东都洛阳。他们途经大斗拔谷时赶上风雪，许多士卒被冻死，队伍分散，甚至后宫的嫔妃、公主也在混乱中狼狈走失。回程时，原本浩浩荡荡的车马队伍也显得颓乱了不少。

一场风光无两的盛会背后，终究免不了劳民伤财。从某种程度上讲，隋炀帝西巡，与他营建东都洛阳、三次奢华南巡、开凿京杭大运河与三征高句丽一样，无不是劳民伤财的事情，也让炀帝成为传统史家以道德为基准评价体系中的"暴君""昏君"。

隋的建立终结了多年的分裂战乱，文帝杨坚多年的休养生息，创下了"开皇之治"，中原商业得到了发展，哪怕是一个四川蜀郡，也是"水陆所凑，货殖所萃，盖一都之会也"。隋大业年间，经济发展到了一个高峰，几乎是"天下承平，百物丰实",以至于唐朝诗人罗隐目及炀帝陵寝时,回顾以往隋王朝的繁盛强大时,也不免哀叹一句——"君王忍把平陈业,只博雷塘数亩田"[1]。可以说,炀帝上位时的家底是不错的,但是炀帝想法太多,太能折腾,光是三征高句丽就靡费大量社会资源。最终在大业十四年(公元618年),隋王朝覆灭,曾经不可一世的强大帝国在兵荒马乱中湮没于尘土。

正如学者袁刚所说:"隋炀帝区别于历史上诸多昏君的一个最大特点是,他不是一个只顾个人享乐而无所作为的君主,他想干好事干大事成圣王之业,想大有作为。但干好事的心太大,结果走向了反面,成为亡国之君。"

---

[1] 君王怎么忍心把先王夺取的江山大业,只换取了几亩埋葬尸身的雷塘荒田。

盛唐的战略眼光
 安西、北庭两个都护府的影响力

同样是定都关中的大一统王朝，秦汉时代虽然向北、向西开展了大规模的军事行动，但始终未能在广大西北地区建立长期的统治力。但到了盛唐，设立了安西、北庭两个影响深远的"都护府"，可以说是一种创举。

如此烧钱的远离核心区域的军事存在，绝不可能是一时兴起，背后的战略逻辑是什么？

"四塞之国"的关中：
 唐朝以前仅在东边有强敌

与秦和西汉一样，隋唐的根本之地在于被称为"四塞之

国"的关中地区。那么，为何秦和西汉的关中通常被认为有着明显的地利？我们不妨具体考察一下此阶段关中的地缘形势。

关中正东方向是从关中通往河洛平原的道路，被称为"崤函道"。由于关东地区的经济、人口体量远超关中，分裂时代的东边是关中几乎所有强敌所在的方向。战国秦孝公时代，秦国在关中东大门设立函谷关，其位置在随后数百年多次发生改变。随着黄河泥沙堆积，函谷关以北的河岸不断抬高，函谷关的险要地势遭到极大削弱，最终关中政权把防御东边方向的关口向西迁移到更贴近黄河的潼关。除了潼关外，关中最大的弱点是，位于今日山西西南的河东地区同样在关中东部方向。河东的势力通过蒲坂、风陵渡等渡口很容易进入关中平原，对关中政权形成威胁。春秋时期的晋国、战国初期的魏国，都通过山西向关中渗透，把秦国压制得苦不堪言，后世的李渊也从山西避开中原的混战轻取关中作为基业根本。关中政权要想在自守的基础上，真正对关东地区形成足够威胁，首先必须在河东地区站稳脚跟。在大一统王朝时代，关东地区尤其是河南、河北的物资通过黄河漕运到关中来满足朝廷的需求。

除了最重要的东边之外，关中东南方向是从关中经蓝田、武关通往长江中游南阳盆地的路线，西南方向面对汉中地区的则是散关。由于地形对后勤规模的限制，这两个方向对关中的威胁要相对小许多。除了东晋桓温北伐前秦那次之外，从南阳盆地经武关攻打关中的战事，基本都是全面战争中的偏师：如刘邦自武关灭秦时，秦军主力在外与诸侯联军消耗、对峙；刘裕北伐后秦时，主力选择进攻潼关方向，武关方向作为疑兵的偏师却奇迹般战胜了几十倍于自己的强敌率先入关；赤眉军入关也是从函谷关和武关两个方向进军。位于关中西南、面对汉中的是散关，汉中和巴蜀体量有限，难以对关中地区产生威胁。历史上唯一从这方向征服过关中的是刘邦。西汉初年，吕后时代的武都大地震，大大加剧了从汉中到关中的运输难度，使得这个方向更加难以威胁关中。强如诸葛亮，多次从汉中北伐中原也始终受制于可怕的后勤条件，没能取得大的成果。

上面所说的这些方向要么本来就属于早期华夏的一部分，要么在秦汉之后被华夏世界同化了。而剩下的西、北两个方向则大不一样。关中北面的萧关则通向陕北，沿着黄河支流的清水河河谷继续向北就能进入黄河河套地区西南部的西套平原。在西周亡于犬戎后一千多年，除了匈奴、突厥最盛时，关中很少受到北边游牧民族的直接威胁。即使匈奴、突厥强盛时，由于北方游牧民族的组织化程度低，而且他们主要的骚扰掠夺方向在山西、河北北部，对关中基本是抢一把就走，最多算疥癣（jiè xuǎn）之疾，对在此定都的政权本身没有真正的威胁。

关中的西北方向在隋唐从来没有诞生过强大的敌对政权。西北方向大致又可以分为西域、甘肃河西走廊和青海河湟地区三块。西域一向小国①林立，截至唐朝时，始终没有出现值得一提的强大政权，更不用说对中原构成威胁。河西走廊和西域类似，小部族很多，但始终是北方草原势力和中原强大帝国争夺的对象，本身没有诞生过强大政权。河湟地区由于距离关中地区较近，反而最有可能成为肘腋之患：这里的羌族部落一度从西北方向对东汉、魏晋等政权形成过不小的威胁。不过这些羌族部落本身都是一盘散沙，缺少强力政权。直到隋朝成立前后，由慕容鲜卑建立的吐谷浑才在这一区域建立了相对统一的政权。

虽然吐谷浑在河湟区域已经活动两百多年，但长期以来其实力和影响力都相当有限。现在，在河湟崛起的吐谷浑引起了定都关中的隋、唐王朝的警惕。吐谷浑如果继续扩张，对中原王朝根本之地的关中地区和对外贸易极为重要的河西走廊都有威胁。于是，隋炀帝派兵攻打吐谷浑，并直接在青海湖、河湟一带建立了西海、河源等郡。但隋朝此时对这一地区的实际控制力相当有限，随着隋末大乱，吐谷浑很快收复了所有失地。

---

① 历史上，西域不同时期曾经存在的"国"，包括城郭诸国、行国、封国、王国、汗国、王朝、属国、朝贡国等形态，无论是汉代西域三十六国，还是宋代、喀喇汗王朝、高昌回鹘王国等，元代察合台汗国，明代叶尔羌汗国，都是中国疆域内的地方政权形式，都不是独立的国家。即便是地方割据政权，也都有浓厚的中国一体意识，或认为自己是中原政权的分支，或臣属于中原政权。

贞观年间，平定了东突厥汗国的唐太宗决意重新打通向西的交通、贸易要道，对河西走廊有着重大威胁的吐谷浑成了主要打击对象。名将侯君集率领唐军攻打吐谷浑，挺过了隋炀帝亲征攻势的吐谷浑王伏允没能再次创造奇迹，最终兵败自杀。吐谷浑政权虽然得以保留，但从此成为唐朝属国。

刚刚脱离了部落联盟状态的吐谷浑接连遭到隋唐大军的灭国性打击，虽然最终以唐属国的身份存续下来，但早已元气大伤。而从吐谷浑衰落中受益最大的，并不是给它致命一击的大唐。在大唐走向强盛的同时，青藏高原上一个叫吐蕃的大国也悄然崛起，利用吐谷浑衰落的机会彻底改变了大唐西北边境的局势，也完全打破了大唐的军事布局，并最终改变了唐代地缘格局。

吐蕃崛起，主要扩张方向；
只有青海，必然与唐冲突

长期以来，西藏地区并不太适合人类居住，生产力水准也非常低，直至公元 2—3 世纪，西藏南部地区才逐渐开始有了农耕文明。之后，随着矿物冶炼技术的进步，尤其是铜和铁的迅速普及，西藏地区开始进入文明社会。

吐蕃的核心地盘是西藏南部雅鲁藏布江水系冲击形成的

一个个河谷平原地带。由于西藏地处绝域高原，大部分地区不适合人类生存，因此西藏的核心聚居区域只有四大块，都是由雅鲁藏布江不同支流冲刷形成的彼此分隔的河谷平原。这四大块，分别是现在的拉萨地区、日喀（kā）则地区江北、日喀则地区江南以及山南地区，在松赞干布统一吐蕃前后，这四块区域被叫作"四如"。

四如中日喀则在西，山南在南边，拉萨相对位于中央。在地势奇高、落差很大、交通困难的西藏，只有拉萨地区具有统一这四块地区的条件。这是因为，拉萨地处中央，到四如的其余几处都相对最近，后勤补给带来的额外消耗也就最少。在平时，温暖的山南地区适合人类居住，这里的人口密度往往要显著高于其他三块地区，但在地势上，其他三如对山南又有着很大的居高临下的优势。因此很长一段时间内，其他三块地区和山南之间谁也吃不下谁，很难形成强大的中央集权。

但大唐所处的公元 7—10 世纪，气温要比现在高许多。竺可桢先生在 1972 年发表的《中国近五千年来气候变迁的初步研究》一文中认为，公元 600—1000 年的隋唐时期是历史上的温暖时期，此时青藏高原也极宜居。温暖的气候大幅提高了农业产量，这段时期的西藏地区人口急速扩张，青藏高原内部的吐蕃本土人口大约能达到 350 万人。以此为基础，吐蕃王国开始了对外扩张。伴随着拉萨地区兴起并逐步统一了整个西藏，一个崭新的中央集权强国吐蕃随之崛起，随后又开始了迅速扩张，很快打下了附近的阿里、那曲、林芝、昌都等地盘。吐蕃实际控制的区域已经远远大于其藏南本部，那么吐蕃王国又如何控制其庞大的国土？

吐蕃的体制很像辽国的南、北两面官制，其藏南本部的统治模式类似于中原地区的秦汉时期，其他外部地区则类似于中原的西周时期。伴随温暖期的到来，吐蕃在其核心地带形成了强大的势力。到这个时候，吐蕃必然要向外扩张，那么往哪个方向扩张呢？

吐蕃往南是恒河流域，两者之间是喜马拉雅山脉和热带雨林的阻隔，吐蕃军队很难穿越这么恶劣的地形深入南方，即使能够到达，也无法实现在南方的长久统治。历史上，吐蕃曾两次进入南亚，但均旋即退兵。究其原因，吐蕃军队无法适应当地炎热潮湿的气候及其自然生态环境；向东则是雅鲁藏布江大拐弯地区，也就是现在的横断山脉，这里同样是难以让大部队通行的热带雨林；吐蕃的北边则是可可西里和羌塘两大无人区。在物资匮乏、技术落后的古代，想让大部队穿越这么恶劣的地形几乎是非常困难的。吐蕃唯一可行的扩张方向便是东北方向。吐蕃军队从藏南本部沿东北方向经那曲走到玉树，就有了两片可以扩张的地盘：向东南通过甘孜州或阿坝州进入巴蜀盆地边缘，进而攻略富庶的四川。但从玉树附近向巴蜀进军需要翻越连绵的雪山，所以吐蕃从青藏高原南下真正可以扩张的方向便是另一条道路，从玉树向东北进入青海地区，这里当时是吐谷浑部落和羌人部落的地盘，占领这里后再往北就进入大唐控制下的河西陇右地区，这一区域还活动着大量在草原争霸中败下阵来的突厥系和铁勒系部落，是入侵时的潜在盟友。

当吐蕃进入青海地区后，由于道路遥远，在当时的交通能力下，吐蕃王朝中央在此只能采取松散的羁縻（mí）控制，吐蕃不参与当地吐谷浑和羌人部落的实际管理和分配，只派遣少量代表收取地租。这种粗放原始模式下的殖民统治，最适合收取的地租往往都是劳役地租。吐蕃控制的主要是游牧部落，即便扩张到农耕地区，其地租也不可能运输到遥远的西藏本部，所以吐蕃收取的劳役地租只能是兵役。因此，当吐蕃扩张到青海以后，其军事行动往往都是少量来自遥远本部的吐蕃精兵，带着一大群当地游牧部落仆役从军作战。

由于隋炀帝和唐太宗两次重创吐谷浑汗国，原本依靠自身资源能和吐蕃王国一战的吐谷浑很快被吐蕃灭亡。吐谷浑灭亡初期，吐蕃对当地的游牧部落实行羁縻统治，与唐统治下的河西、陇右等地相邻，还算相安无事。

关中地缘形势空前恶化，唐朝多线作战之下开始建藩镇

不同于之前西边的吐谷浑，或者是北方突厥、回纥、契丹

等一众游牧部族，吐蕃拥有相对发达和完善的社会组织模式，更拥有在青海河湟、甘肃兰州—天水一带农业区建立农耕政权架构的实力，对中原地区的直接威胁大得多。唐太宗后期和唐高宗初期，吐蕃刚刚扩张到青海一带，忙于蚕食和消化原属于吐谷浑的部落，还处于力量积蓄期，无力真正威胁大唐西北。唐通过文成公主和亲的方式，和吐蕃维持了一段时期的稳定和平。然而，随着吐蕃逐渐消化了青海地区的吐谷浑故地，他们很快开始了新一轮扩张。

唐高宗和武则天时期，吐蕃在名将论钦陵的率领下，先后在大非川之战、青海之战和素罗汗山之战中大败唐（周）军，吐蕃吞并了河湟地区、南疆地区，严重威胁了河西走廊和甘肃天水一带。此时的吐蕃已经对唐廷形成了非常大的威胁。不过，吐蕃内部同样有着非常严重的问题：吐蕃这一轮扩张速度过快，需要消化新的占领区。另外，吐蕃内部出现了严重的内讧，外战头号功臣论钦陵在内斗中身死族灭，小部分残存的族人投奔了当时的武周。这次大规模内讧使吐蕃的扩张势头暂时放缓，武则天恢复了位于南疆的安西四镇的设置。

但无论怎样，吐蕃这样一个政权的出现和扩张，意味着大唐在西北方向需要面对一个能够与其分庭抗礼的政权，这对中原王朝来说是前所未有，给长安的朝廷带来了巨大困扰。汉武帝时代同样经略过西北，但大汉在西域的军事行动本质上只是和北方匈奴的战争在一个次要战场的延续。在吐蕃兴起之前，中原王朝主要在正北方和东北投入重兵。而现在西北方向又有一个新兴的强国，中原地区的部队兵力就会严重不足。从唐高宗时代起，这个问题就相当严重了。随着和吐蕃的大非川战役中薛仁贵所部唐军的惨败，大唐被迫放弃朝鲜半岛，以应对西线日益增大的压力。到武则天时代，多线作战的武周军队更是在吐蕃的扩张，后突厥的崛起和契丹、奚等部落的进逼下应对乏力。位于我国东北北部，对唐来说同样偏远的高句丽北方故地，也在这一期间被迫放弃，建立了新兴的渤海国。

在武周时期，大唐边疆形势可谓四面楚歌。后突厥汗国在蒙古高原再度崛起，高句丽故地很快被新崛起的渤海人、契丹人相继蚕食，丢失殆尽，甚至华北北部都遭到了突厥人和契丹人的侵袭与骚扰。在西边，吐蕃人在名将论钦陵统率下所向披靡，扩张达到一个高潮，开始插手西域事务，一度控制了今日新疆南部部分地区。

唐玄宗登基后，不能容忍边疆顾此失彼的状况。姚崇去世后，他决定在所有方向投入足够的重兵。当时，北方的后突厥汗国和大唐关系缓和，且内部骚动不安，东北的契丹和奚都处在相对分裂的部落政治状态，吐蕃是大唐周边唯一一个强大而统一的政权。唐玄宗一改武周后期到他继位初期在西边紧缩战线、采取守势的策略，决定把重心放在西北边疆。

吐蕃崛起之前，中原地区整个防务体系和对外扩张活动中，西北方向的用兵一直都处于从属地位，不需要消耗太多军事力量。但伴随着吐蕃的崛起，大唐被迫增加近一倍的职业军队。直面吐蕃的地区位于青海、新疆、甘肃河西地区、云贵高原、四川藏区等地，都是偏远的高海拔地区，后勤运输压力是其他地方的几倍。正是在这样的背景下，唐玄宗不得不授予节度使在驻地的全面军政大权。

吐蕃在青海方向不断投入重兵，玄宗此时在这里设立了陇右镇、河西镇两大军镇，编制分别为 7.5 万和 7.3 万，总计投入常备军 14.8 万。唐军与吐蕃在青海湖—日月山一线展开了数十年的拉锯战。在西域方向，除了吐蕃屡屡侵袭南疆外，随着唐军逐步取得上风，还需要越过帕米尔高原进入中亚地界与吐蕃的盟友作战，并因此进入阿拉伯人势力范围的最东端。为此，唐军在西域设置了安西四镇和北庭都护府，编制分别是 2.4 万和 2 万，又投入了 4.4 万士兵。吐蕃还在云贵方向与统一六诏部落不久的南诏实现联盟，威胁唐的四川盆地。为此，唐廷又不得不在这里设立剑南节度使，编制 3.09 万。唐玄宗为了全方位巩固西部防线，一共投入了 22.3 万士兵，占全国边军总编制 49 万的比例超过 45%！除此之外，位于河套地区，与吐蕃和后突厥汗国都会打交道的朔方节度使；位于河北道与后突厥、契丹、奚都有接触，安禄山任节度使后来赖以叛变的范阳镇；控制了整个山西，承担了河南、河北军粮向西转运职责的河东节度使，都是此时大唐边境多线作战需求下产生的大军镇节度使。

除了中原王朝一直需要对付的蒙古高原（此时是后突厥）和东北（此时是契丹和奚）等方向的威胁外，吐蕃崛起对关中地区与河西走廊的巨大威胁，使得唐玄宗不得不在西线布置重兵。而此时随着土地兼并的加剧和商品经济的发展，府兵制难以为继，募兵制下的职业士兵开始登上历史舞台。西线多了这么多职业军队，而且他们的后勤成本比华北驻军更昂贵，自然会成为唐代财政的一大负担。唐玄宗于是任用李林甫、杨国忠等擅长财政聚敛的大臣，强力扩大纳税人口，巨幅增加中央收入，来满足前线开支。

经过玄宗朝数十年耗费巨大的战争，大唐逐步占据对吐蕃的优势。在安史之乱爆发前，唐军已经基本控制了双方长年争夺的区域，深入青海湖—日月山一线的吐谷浑故地。大唐前线最远的金天军、石堡城、雕窠（kē）城等控制区就位于日月山地区。

但安史之乱的爆发改变了这一切。

吐蕃的强盛，
牵制了大唐关东削藩的能力

随着安史之乱的爆发，河西、陇右这两个防范吐蕃边镇的主力大军都被调回内地。被压制了很久的吐蕃人开始疯狂攻城略地，很快全取河西走廊，大唐在西域的残余领土成为飞地并且遭到逐步的蚕食。更要命的，无论是在以吐谷浑故地为主的青海河湟地区，还是安史之乱后乘虚占领的甘肃兰州—天水一带农业区，吐蕃人都能按照农耕政权的架构建立起统治，依靠当地平民和掠夺来的农奴进行耕种，供养起一定的驻军，并把这里建设成入侵关中的后勤基地。这意味着吐蕃与匈奴、羌人或突厥完全不同，他们的威胁更为严重而持久。

随着吐蕃崛起并趁着安史之乱攻占河西、陇右地区，关中的地缘形势迅速恶化。吐蕃人多次从关中北边入寇，甚至在安史之乱平定当年，借着唐廷与各地军头的矛盾一度攻占长安城。随后的仆固怀恩之乱中，叛军和入侵的吐蕃、回纥联军也是从这个方向深入关中威胁长安。西边的陇关方向同样多次有吐蕃及其盟友的活跃。可以说，"四塞之国"的关中只需防范关东方向的地缘优势至此彻底消失。正如白居易的诗中所说："平时安西万里疆，今日边防在凤翔。"

在吐蕃入长安和仆固怀恩之乱后，关中西边与北边都成为吐蕃占领区。为了应对吐蕃随时东进与南下的威胁，弥补安史之乱边兵东调和消耗造成的军事真空，唐代宗不得不让朝廷嫡系神策军与边镇兵、关东戍卒相互策应以御吐蕃，建立起"防秋兵"制度。所谓防秋，是因为吐蕃主要选择在秋天入侵。秋天军队的人马粮草需求较易得到满足，且气候凉爽。河北、河南、江淮、岭南等道方镇需要轮番派兵到京西北戍守，诸道防秋兵马数也都有规定。通过这一系列措施，吐蕃的攻势得到遏制，大唐关中西、北两个方向的边防得以重建，双方重新转入相持阶段。

同样是定都长安的王朝，在汉高祖刘邦与汉景帝刘启削藩的时代，西汉的根据地关中可谓稳定的大本营。唐代的关中平原虽仍丰饶，但比起华北平原体量小了太多，所以已经显得力量不足。另外，从战国后期到唐初关中政权无须操心的西、北两个方向，现在有持续存在的强敌需要对付，还需倚重关东力量，这意味着作为唐大本营的关中，在安史之乱后的地缘环境空前恶化，一度沦落到自保都需要倚重关东各镇外力的程度，自然大大影响大唐削藩的能力。

吐蕃崛起使得唐代地缘格局产生了根本性变化，令原本只需防备蒙古高原和东北方向的中原王朝在西边有了一条全新战线，唐被迫在后勤成本更高的地区扩大近一倍的军力，大幅提高了唐代关中地区的防御成本，促进了唐代边境的藩镇化。

虽然在大唐最终衰亡之前，吐蕃就因内忧外患而自行崩溃，但此时大唐藩镇割据的局面早已积重难返。

怛罗斯之战：
影响东西方文明的一场战争

在今天的哈萨克斯坦与吉尔吉斯斯坦的交界带，有一条古老的河流由东向西北方向横穿而过，这便是塔拉斯河（Talas River）。这条全长不过五百余公里的小河似乎显得有些微不足道，在一般的中亚地图上，人们甚至很难找到它的影子。在河谷中游左岸的平原地带，坐落着一座以它的名字命名、拥有两千多年历史的古城——塔拉兹〔唐译"怛（dá）罗斯"〕。唐天宝十载（公元751年），这里发生了一场亘古未有的战争，交战一方为镇守西域的高仙芝率领的唐军，另一方是将领齐雅德统率的大食（阿拉伯帝国）军队……

"何当千万骑，飒飒贰师还"

恒罗斯战役的前一年，也就是公元 750 年，大唐帝国在亚洲内陆的威势达到了顶点，如同日后《资治通鉴》所记载的，"是时中国盛强，自安远门西尽唐境凡万二千里，闾阎相望，桑麻翳野，天下称富庶者无如陇右"。大唐帝国成为整个塔里木盆地和伊犁盆地的主人，以及塔什干的宗主，帕米尔（"葱岭"）谷地与克什米尔的保护者。作为安西节度使的大唐名将高仙芝刚刚在帕米尔高原"深入万里，立奇功"，对阵吐蕃势力取得了一系列惊人的胜利，这为他在西方赢得了"中国山地之主"（阿拉伯语：Sāhib jibāl al-sīn）的美誉。而高仙芝衣披鳞甲、身跨青海骢（一种古代宝马）的飒爽英姿，也令"诗圣"杜甫赋诗一首《高都护骢马行》，以表敬意。

也是在公元 750 年，唐朝在中亚最大的竞争对手阿拉伯帝国（唐称"大食"，来自波斯语 Tazik，今译"塔吉克"）经历了改朝换代的剧烈动荡。自公元 747 年一个获释奴隶阿布·穆斯林率众在呼罗珊（今伊朗东北部与中亚南部）起义到公元 749 年，历时两年，倭马亚王朝军队迅速溃败。起义者占领库法城后，于公元 749 年底在库法清真寺宣誓拥戴阿布·阿拔斯，是为阿拔斯王朝的第一任哈里发①。由于这个新王朝崇尚

---

① 指伊斯兰教先知穆罕默德去世以后，继任政权元首的统一称谓。

黑色，在中国史籍上被称作"黑衣大食"。公元750年一月，倭马亚王朝的军队在底格里斯河上游支流扎卜河畔覆没，末代哈里发麦尔旺二世西逃，八月在埃及遭阿拔斯军队追杀而死，倭马亚王朝宣告灭亡。

阿拔斯王朝建立之初，局势不稳，自称"萨法赫"（屠夫或仁慈、慷慨的人，双关语）的阿布·阿拔斯致力扑灭和铲除前朝余孽，残忍地设计屠杀了倭马亚家族八十余人；倭马亚王朝历代哈里发的陵墓也遭到破坏，尸体或被鞭打或被焚毁。由此引发的国内动荡亦波及了8世纪初刚刚被阿拉伯人占领的中亚河中地区（指阿姆河与锡尔河之间地区），驻军哗变，各土著王国（唐称"昭武九姓"）也趁机响应。这是因为阿拉伯帝国向来对各中亚属国横征暴敛，实行竭泽而渔的政策。据10世纪中叶波斯历史学家纳尔沙喜记载，呼罗珊总督逼迫布哈拉（唐称"安国"）赔款100万迪拉姆[①]，其数额相当于布哈拉五年的税入；又强令撒马尔罕（唐称"康国"）一次缴纳200万迪拉姆，以后每年缴纳20万迪拉姆以及3000"头"奴隶（每"头"奴隶折价200迪拉姆），各国负担十分沉重。

为应对帝国东部边疆的变乱，阿布·阿拔斯委派阿布·穆斯林出任呼罗珊总督。这位开国元勋位高权重，驻节木鹿（土库曼斯坦马雷州的一个古代绿洲城市），号令一方，颇具势

---

① 中亚阿联酋货币。

力。他命令手下大将齐雅德·萨里率领新王朝的统治支柱——精锐的呼罗珊军队——进入河中地区，镇压了布哈拉等地的叛乱。

与此同时，唐廷也企图利用大食国内的混乱形势，全面恢复阿拉伯人进入中亚前唐朝在葱岭外的势力范围。高仙芝遂率兵首先进攻在大食的中亚属国中地位最重要的塔什干（唐称"石国"）。这个国家农业发达，地处中亚商贸中心与交通枢纽的特殊地位，原来曾臣服于唐朝。但那个向唐称藩的国王已被降为石国副王；时任国王鼻施特勤是大食册立的。公元750年唐军攻陷石国都城；第二年初，高仙芝将前石国国王一行带入长安，斩于阙下。诗人薛能在《拓枝词》中写道，"悬军征拓羯（石国），内地隔萧关。日色昆仑上，风声朔漠间。何当千万骑，飒飒贰师还"，对此役赞赏有加。

"汉家兵马乘北风，鼓行而西破犬戎"

不料，唐廷凯旋盛典余音未终，边关警报已千里传驿，飞报长安。高仙芝的军队劫掠石国，杀死老弱，奴掳丁壮，这导致了新的麻烦。侥幸脱逃的石国王子奔走于"昭武九姓"，极言唐军之残暴，"诸胡皆怒"，而后他又前往康国（撒马尔罕），投奔率军驻扎在那里的大食将领齐雅德·萨里。最终传到安西的消息是大食兵有可能与诸国合谋进攻四镇。为争取主动，高仙芝决定先发制人，御来敌于国门之外。

这年初夏，高仙芝征召安西各镇军队主力向西进发。据郭沫若考证，出生在碎叶城（位于今吉尔吉斯斯坦楚河州托克马克市西南）的大诗人李白以"汉家兵马乘北风，鼓行而西破犬戎"的豪迈诗句为从征的族弟李绾壮行。而作为安西都护府下的一名幕僚，著名边塞诗人岑参在大军临行前也赋诗"都护新出师，五月发军装。甲兵二百万，错落黄金光"。极言唐朝军容之盛。

"甲兵二百万"自然是艺术上的夸张。安西大都护府总兵力不过 2.4 万人，至多不超过 3 万人。除去留守部队，高仙芝率领的汉兵不过 2 万人，从安西都护所在的库车出发，长途跋涉两千余里，在会合了葛逻禄（一个突厥部落）等附属国的军队后，总计约 7 万（据杜佑《通典》）的唐军于公元 751 年七月末抵达了石国大镇怛罗斯，并在这里遇到了大食与河中各国联军。怛罗斯也成为继汉代陈汤击灭匈奴至康居（今哈萨克斯坦东部）及李广利远征大宛（今费尔干纳盆地）之后，中国古代史上中原王朝兵力所达最远的地区。

在怛罗斯战场上对峙双方的军队服饰迥异，语言不通，武器装备亦大不相同。高仙芝统率的唐军本部以步兵为主（安西都护府仅有军马 2700 匹，即使全数出征，按一骑两马计亦不过骑兵千余人）。安西唐军在当时号称"天下精兵之最"，身着著名的明光铠，重量轻而防御力强；擅长使用两面开刃的长柄陌刀。当步兵手持陌刀以密集队形横向列于阵前"如墙而进"时，敌军人马当之皆碎。唐军将陌刀与另一种特色兵器弩相配合，"去贼一百步内战，齐发弩箭；贼若来逼，相去二十步即停弩，持刀棒……过前奋击"，创造了步兵克制骑兵的战法。高仙芝将步军部署在怛罗斯河边抵御敌人进攻，自己则率领少量的骑兵驻扎在步兵阵地之后，作为机动部队，而把战斗力较弱的葛逻禄部队部署在两翼充当警戒部队，以充分利用威力强大的弩射杀敌人。

反观阿拉伯军队，恰恰是清一色的骑兵组成。装备长矛盾牌，配以弓箭和马刀。阿拉伯世界的冶铁业为中世纪之冠，阿拉伯马刀当时即以锋利闻名天下，杜甫在《荆南兵马使太常卿赵公大食刀歌》中就盛赞"吁嗟光禄英雄弭，大食宝刀聊可比"。而阿拉伯骑兵的马匹也占有绝对优势，因为阿拉伯马是世界上著名的优良马种，游牧的贝都因人相信，真主赋予了阿拉伯马"活跃的北风、力量的南风、高速的东风及智慧的西风"。

以优秀的骑兵纵横亚非大陆的大食军队与依靠陌刀与弩、以步制骑的唐军在战场上针锋相对。尽管阿拉伯军队握有数量上的绝对优势（各种记载从 15 万至 20 万不等），但凭借着武器和训练的优势，高仙芝率领远征唐军仍与之苦战了五日之久，不分胜负。但到了第五天傍晚，灾难发生了，唐朝的盟军葛逻禄部队突然叛变，从东北方向高仙芝军队的后方发动了袭击（此类中亚部落叛附不定，在唐与大食间首鼠两端并不罕见）。阿拉伯军队趁唐军阵脚已乱之机，以重骑兵突击唐军阵线中央，致使唐军全线溃败，令唐王朝的安西精锐部队几乎全军覆没，损失惨重，阵亡和被俘各约一半，只有数千人在高仙芝率领下败退，回到安西都护府的驻地。

战后，穆斯林史家大肆吹嘘怛罗斯的胜利。麦格迪西的《肇始与历史》记载："他们分几次将他们（唐军）各个击败，共杀死四万五千人，俘获两万五千人，其余纷纷败逃。"而艾西尔的《历史大全》的记载则是："两军大战于怛罗斯河，穆斯林们最终战胜了他们，消灭近五万人，俘获约两万人，残部逃回中国。"可谓言之凿凿，却唯独对大食军队自身损失语焉不详。这恐怕亦是在前五天的激烈战斗中阿拉伯军队伤亡数字较大不能示人，故而"为亲者讳"吧！

杜环西游

俄国近代历史学家巴托尔德曾认为，怛罗斯战役"决定了中亚细亚的命运"，"中亚细亚应该是中国的，但它却变成了穆斯林的"。这种说法实在言过其实。唐廷在中亚的势力并没因怛罗斯的战败而受到严重损失，怛罗斯战役两年后，唐将封常清再次远征克什米尔，又一次取得辉煌的胜利。而到公元755年，"昭武九姓"又一次周期性地倒向唐朝，集体上表请求长安出兵驱逐大食，这也是中亚各国最大规模的上表请求唐朝出兵中亚，足见怛罗斯战役并未对当时西域政治军事格局造成实质性影响。正因如此，高仙芝虽然兵败怛罗斯，但并未以败军之将受到处罚。他虽然离开了安西，却出任权力较大的河西节度使一职。而后被召回长安，进一步加官晋爵为右羽林大将军。

至于大食方面，阿拉伯人对于内部争权夺利的兴趣远比对向东方的征服更大。在怛罗斯战役获胜的齐雅德·萨里向他的上司阿布·穆斯林进献了战利品——一枚举世无双的宝珠。作为奖赏，阿布·穆斯林也任命齐雅德为河中行省总督。但好景不长，出于对齐雅德功高盖主的担忧，一年后，阿布·穆斯林杀死了齐雅德。又只过了一年，出于同样的理由，新任哈里发曼苏尔谋害了帝国东部的实权人物阿布·穆斯林，并镇压了呼罗珊军队的兵变。

实际上，在怛罗斯与唐军发生冲突的并不是哈里发朝廷派遣的政府军，而基本是一支呼罗珊的边疆守军。此时的阿拔斯朝廷正忙于解决内政，而后又跟永久的敌人拜占庭展开战争，并未注意到东部边疆有什么战争发生。因此，这次战役并未影响阿拉伯帝国与唐帝国的关系。怛罗斯战役的第二年，黑衣大食即遣使来华，这是阿拔斯王朝正式与中国通好之始。仅在公元 754 年的三月、四月、七月和十二月，阿拔斯王朝使节就四次进入长安。

恒罗斯战役就这样结束了，但另一段传奇才刚刚开始。唐代著名历史学家杜佑的族侄杜环是战败被俘的唐王朝军队的一员，他作为文官参加了恒罗斯战争。杜环被俘后被带至康国（撒马尔罕），再到阿拔斯王朝首都亚俱罗（Akula，伊拉克库法），后又随哈里发使团考察非洲，先后在中亚、西亚、非洲十余国游历和生活过，总计流离大食十二年，遍游黑衣大食全境，基本上走完了古丝绸之路全程，最后于公元 762 年依附商船从海路回到广州。他把十余年间异域耳闻目睹、亲力亲为的生活阅历真实地记入所著《经行记》中。《经行记》成为研究中国与西方文化交流的重要文献和研究中世纪中亚、西亚、北非风物情貌的地理著作，这应是一本足以与唐前期另一位杰出旅行家玄奘的《大唐西域记》相提并论的游历专著。可惜的是，《经行记》早已散佚，没能全部留下来。我们所能看到的，是杜佑在自己的著作《通典》中保留的片段，只有 1511 字。

杜环在库法城里发现当地已有来自中国的绫绢机杼，还亲眼看见一些唐朝工匠（金银匠、画匠及纺织技术工）在当地工作，例如京兆（长安）人樊淑、刘泚（cǐ）为"汉匠起作画者"；河东（今山西西南部）人乐陵、吕礼为"织络者"。在历史上，恒罗斯战役结束后不久，中亚的第一个造纸作坊就出现在撒马尔罕，很快美索不达米亚也出现了造纸作坊与纸张经销商，造纸技术是由来自中原地区的工匠师傅所传授是无疑的。时间如此巧合，只能是怛罗斯战役中被俘的唐朝士兵在当地生产纸张并将手艺传给了当地的阿拉伯人及中亚人。平滑柔和、适于书写的中国纸张很快取代了此前广泛使用的埃及纸草、羊皮、树皮等书写载体，西方文明也因此获得了迅速的发展。

当时的阿拉伯帝国对唐人而言是个完全陌生的社会，为此，杜环在《经行记》里特地记载了"大食法"、"寻寻法"和"大秦法"这三大在当时阿拉伯世界流行的宗教。历史学家白寿彝曾经把《经行记》对于伊斯兰教的记叙与中国造纸术的西行并列为怛罗斯之战的"两种影响"。

"大食法"，也就是伊斯兰教。《经行记》是伊斯兰教义之最早的汉文记录。据杜环记载："一日五时礼天……又有礼堂，容数万人。每七日，王出礼拜，登高坐为众说法曰：'人生甚难，天道不易，奸非劫窃，细行谩言。安己危人，欺贫虐贱，有一于此，罪莫大焉。凡有征战，为敌所戮，必得升天。杀其敌人，获福无量'。""其大食法者，以弟子亲戚而作判典，纵有微过，不至相累。不食猪、狗、驴、马等肉，不拜国王父母之尊，不信鬼神，祀天（真主）而已。"杜环在《经行记》中生动而准确地描述了伊斯兰教的文化，而"女子出门，必拥蔽其面，无问贵贱"，更是真实地描述了阿拉伯世界的典型风情。当时正是伊斯兰教"率土禀化，从之如流"的兴盛时期，大食国内"四方辐辏，万货丰贱，锦绣珠贝，满于市肆"的繁荣经济也给杜环留下了深刻印象。而且杜环的这些记叙完全是他亲眼所见的事情，完全没有虚构的成分。可叹史载大食使者来长安甚多，唐朝却没有使者到达过阿拉伯半岛。真正身历这个当世大国，并且留下记载的唐人，恐怕就只有杜环这个怛罗斯之战的俘虏了。

"大食法"之外，杜环所写的"寻寻法"即祆（xiān）教（拜火教），是原波斯帝国的国教。"寻寻"即唐译"zemzem"，是阿拉伯人对祆教徒的称呼，意为"私语之人"。祆教近亲通婚、纳姊妹为妻的习俗被有儒家文化背景的杜环视为奇风异俗，称之为"寻寻蒸报，于诸夷狄中最甚"。而《经行记》中记载的另一个宗教"大秦法"，指的就是基督教。让杜环印象最深的是当地基督教医生最善于治疗眼病和痢疾，许多病都能有预防的办法，而脑外科手术尤其惊人。当时阿拉伯医学中心在埃及和叙利亚，基督教徒的医生主宰着阿拉伯医术，杜环称他们是大秦医生，他在《经行记》中这样写道："其大秦，善医眼与痢，或未病先见，或开脑出虫。"这也反映了当时地中海地区高超的医术。

第一个到达非洲的中国人

杜环的足迹所到之处，已经跟信仰"大秦法"的"拂菻（lǐn）"（东罗马/拜占庭帝国，一说"拂菻"即希腊语对首都的称呼 Bolin 的唐译）接近了，这些地方的文化中，或多或少也沾染了拂菻的文化气息。而且当时大食和拂菻也征战连年，在大食也一定会有拂菻战俘，并且更有可能和杜环有所接触。杜环在《经行记》里是这样描述拂菻国的："亦曰大秦。其人颜色红白，男子悉着素衣，妇人皆服珠锦。好饮酒，尚干饼……其俗每七日一假，不买卖，不出纳，唯饮酒谑浪终日。"文中如实记载了拜占庭帝国人们肤色白里透红，男人穿单色衣服，妇女爱好服饰，喜欢喝酒，吃面包，每七天有一天（礼拜天）休息娱乐的实际状况。

虽然杜环未曾进入拜占庭帝国从而亲身踏上欧洲的土地，但他却是历史上可考的第一个到达非洲的中国人。根据《经行记》的记载，杜环到过的摩邻国，"在勃萨罗国西南，渡大碛，行二千里至其国，其人黑，其俗犷。少米麦，无草木，马食干鱼，人餐鹘莽。鹘莽即波斯枣也。瘴疠特甚"。

这个摩邻国究竟在哪里？长期以来一直是争论不休的话题。比较靠谱的一种说法是，"摩邻"即阿拉伯语"马格里布（意为日落之地）"的唐代译音，"摩邻国"就是今天的摩洛哥。杜环是从巴士拉（勃萨罗）出发，经过苏伊士地峡到达埃及，随后跨越撒哈拉沙漠到达摩洛哥的。在同时代的阿拉伯旅行家笔下，这条道路既有"荒无人烟的沙漠"，也有"沙石遍布的荒野，或怪石嶙峋的高地"。在这条路上虽然"少米麦"，但"椰枣林立"之区不少，椰枣产地"实际上包括（自西向东）一条展开的大腹带"，恰与杜环的说法相合。而整个北非，尤其是利比亚，是基本没有河流的。地中海以产沙丁鱼、海青鱼为盛，杜环讲的"马食干鱼"之情形，其中的鱼也只能靠地中海海边的渔人捕捞。

杜环所在的 8 世纪的摩洛哥，被阿拉伯人征服的时间尚不足百年，因此，当地在人种上的阿拉伯化是几乎不存在或是不明显的。那里是柏柏尔人、黑人的家园，尤其是广大的村镇，其肤色是黝黑的。比较大的海港城市中才住有白色皮肤的罗马人。即使今天，北非的一些阿拉伯人（如苏丹总统巴希尔与埃及前总统萨达特）的肤色也比叙利亚的阿拉伯人要黑得多，这同千余年来的异族通婚有关。因此，杜环才有"其人黑"的说法。

除"摩洛哥说"之外，亦有人考证"摩邻国"在今天红海西岸的东非厄立特里亚、埃塞俄比亚甚至肯尼亚的著名港口马林迪，迄今并未有定论，但有一点是肯定的，即上述地方都位于非洲大陆。在杜环之前，中国还没有任何对非洲进行描述的书籍出现，足见杜环取得了前无古人的伟大成就。他的人生经历和他编撰的《经行记》，在不知不觉间创造了历史。杜环成为第一个踏足非洲的中国人，直到今天，仍能让人感觉到其游历人生的伟大之处。

为何说香积寺之战为大唐续命百年？

怛罗斯之战后，由于安史之乱的爆发，唐朝国力大减。而在安史之乱中的香积寺之战，则成为为大唐续命的关键战役。香积寺之战是安史之乱中唐军取得的最大一次胜利，唐军在此战中对关中地区的叛军造成毁灭性打击，随后收复了丢失一年多的首都长安。香积寺之战中，李嗣业部陌刀兵的力挽狂澜和回纥骑兵的横扫千军，更为历史爱好者们津津乐道。那么，在这次决定了大唐命运的生死决战中，双方都有哪些军队参战，这些军队在这次决战前又有哪些辉煌战绩呢？

屡遭重创的河西、陇右、朔方三镇精锐

唐朝在陇右、河西和朔方三镇的军队囊括了安史之乱后整个唐朝军队的精华。《旧唐书·地理志》记载了天宝年间各镇的编制人数，河西节度使有士兵 7.3 万人、战马 1.94 万匹与（《元和郡县图志》所记士兵数相同，马匹为 1.88 万匹）；

朔方节度使有士兵 6.47 万人、战马 4300 匹；陇右节度使有士兵 7 万人（《通鉴》为 7.5 万人）、战马 600 匹。三镇相加，共有略多于 20 万的士兵、号称 25 万兵马。这些都是脱产的职业军人，常年在唐西部边境与吐蕃人作战，可谓身经百战的精锐老兵。

河西节度使，顾名思义其主要辖区在河西走廊；陇右节度使管辖陇右也就是陇西地区，大约是今天甘肃省黄河以东、青海省青海湖以东至陇山的地区。河西、陇右二镇的主要任务，就是负责与吐蕃的争霸战争。在唐玄宗统治中后期，这两镇取得了一系列代价高昂的胜利，把对吐蕃的前线推进到青海湖—日月山一线。

安史之乱爆发后，河西、陇右二镇精兵大约一半留守，另一半在哥舒翰带领下回援，试图在洛阳一带与安禄山叛军决战。但由于封常清迅速丢失洛阳、高仙芝不战弃守地形险要的陕郡，这些精兵只好在潼关消极防御。半年后，背靠永丰仓的潼关驻军出现了缺粮状况，建立起伪燕政权的叛军又围困了唐朝临时漕运路线的关键节点南阳，且唐朝高层内讧日益激烈。这部分精锐部队在哥舒翰带领下与另一部分唐军新兵试图东进洛阳，但在灵宝之战中遭到惨败。参战的河西、陇右精兵一部分被歼灭，另一部分被打散后陆续归队，还有一部分则投降并加入了安禄山的叛军。唐朝随后在陈涛斜之战中再次惨败，这些归队的残军与长安失陷后继续从边境上抽调的河西、陇右军一部在此战中再遭毁灭性打击。到香积寺决战时，河西、陇右残部可能只有数千人至上万人，在王难得统率下参战，比起天宝末年两镇十四五万精锐大军兵强马壮、全面压制吐蕃的盛况来，实在让人唏嘘。

朔方节度使的辖区相当广泛，几乎包含了今日宁夏全境、内蒙古河套地区、陕西北部、甘肃一部。唐玄宗前中期创设朔方镇，主要针对的是蒙古高原上的后突厥汗国。但后突厥汗国逐渐走向分裂和衰弱，最后在回纥等新兴部落与唐军的联合打击下彻底灭亡。从开元后期开始，朔方军就把经营方向逐步转往西边的吐蕃王国，如曾派军队与河西、陇右军队一起参与了著名的石堡城之战。此外，朔方镇也是唐朝向西北的河西、陇右等军镇输送粮食的重要环节。从河南、河北征收采购来的粮食，由位于山西的河东节度使负责把粮食从集散中心的太原运出，水陆并进运到河套地区朔方节度使下辖的振武军，在这里转道黄河。接下来的环节则由朔方节度使兼任六城水运使，运粮船继续溯黄河西进，沿水路可以一直走到兰州甚至青海西宁，向沿岸的西北边军各部发放粮食。

在名将郭子仪统率下，朔方军在安史之乱初期先击败了跟随安禄山叛乱的大同军使高秀岩部，接管了控制整个山西的河东节度使辖区，随后经井陉道进入河北地界，在嘉山之战中大败史思明的河北叛军主力。但随后河西、陇右主力在灵宝之战和陈涛斜之战中遭到惨败，朔方军被迫放弃经营河北，以收复长安作为新的作战目标。朔方军收复了山西西南的河东地区，歼灭了灵宝之战中堪称叛军主力的崔乾佑部，随后从这里南渡黄河收复潼关。但在随后的永丰仓之战中，朔方军惨败于关中叛军。朔方军选择与关中西部的各路唐军会师，沿途在三原之战中还设伏歼灭了李归仁所部5000精锐骑兵。

但在香积寺之战前，朔方军又经历了一次惨败。在长安城下的清渠之战中，关中叛军主将安守忠仅仅指挥9000骑兵，完美利用地形击败了以朔方军为主的唐军收复长安的又一次尝试。所以，此时的朔方军虽然不像河西、陇右残军那么惨，两次重创之下仍然大不如前了。朔方军的主帅郭子仪现在是所有唐军的主帅，他在香积寺决战前作了"此行不捷，臣必死之"的表态，不成功，便成仁！

万里赴援的关内行营

安史之乱初期，唐朝并没有抽调安西、北庭等这些过于遥远的边军。到长安沦陷，唐廷分了两次向安西四镇征兵。唐肃宗初到灵武，下诏让李嗣业先带5000名安西镇士兵前来入卫。不久后，唐肃宗再度征兵，安西镇行军司马李栖筠派出精兵7000人。安西镇分两次派出的1.2万精锐边军，在香积寺之战中由李嗣业统一率领。规模相近的北庭镇也先后派出了1.2

万精锐，由马璘率领入援。

除了这些西北和正北方向的精锐职业老兵外，唐军有一个叫"关内行营"的作战单位，由灵宝之战败将之一的王思礼统率，这支军队包含原禁军和安史之乱爆发后招募的多批新兵。唐玄宗时期是唐历史上最外重内轻的时期。唐玄宗将所有的精锐多分布在边疆，对于中央禁军则基本是放任自流的态度。长安附近的飞骑、彍（guō）骑等部有着禁军的名号，然而，这些部队常年不经战事，到安史之乱爆发时已经完全沦为仪仗队，战斗力极为低下，比起在边境久经战阵的叛军可谓不堪一击。

安史之乱爆发后，中央禁军和一部分新兵跟随高仙芝驻守陕郡，封常清洛阳战败后带数千残部加入，随后面对燕军进攻不战而退，在潼关与另一部分长安新募士兵会合，成为潼关守军中河西、陇右两镇军队外另一系军队。这些挂着中央军名头的军队从战斗力和组织度来看就是标准杂牌军，在灵宝之战中率先溃逃，导致了唐军精锐的惨败。唐肃宗继位后，宰相房琯在关中西部又征募了一些新兵补充到这批军队中，与河西、陇右残部一起发起了对长安的第一次反攻，但在陈涛斜之战中再度惨败，损失大半。总的来说，关内行营简直是个"垃圾桶"，专门回收利用唐军各路败兵，其中唯一有战斗力的河西、陇右残部在香积寺之战中被剥离出来单独由王难得统率，剩下的主要是中央禁军残部和关陇地方民兵残部。不过久病成医，能经历多次大败而幸存下来的关内行营士兵，就算再弱现在也算是善于逃跑的老兵了，毕竟反应迟钝的早就死光了。

脱胎自唐军精锐的关中伪燕军

安禄山叛乱时的两大主力，一个是唐东北边军。安禄山在叛乱前兼任范阳、河东、平卢三镇节度使。安禄山一共担任范阳节度使十四年，他的老巢和核心部队都来自范阳镇，这里的编制内共有 9.14 万名士兵、6500 匹战马。安禄山虽然担任河东节度使，但包括太原在内的河东镇绝大部分地盘，在他叛乱前都是由杨国忠心腹杨光翙（huì）等人实际控制。整个河东节度使辖区追随安禄山一并叛乱的，仅有高秀岩所辖大同军一处，其能控制的唐军共有 2.02 万名士兵、9300 匹战马。平卢镇的编制内共有士兵 3.75 万人、战马 5500 匹。但安禄山在平卢镇能控制的唐军也不多，主要是营州城中 1.6 万唐军的一部分。除此之外，内附后处于这三镇羁縻之下的突厥、契丹、奚部落也相当多，如阿史那承庆、阿史那从礼等突厥大贵族在回纥灭亡突厥后就率领大批部众投奔唐朝，在安禄山羁縻之下成为叛军主力之一；开元二十年（公元 732 年）奚酋李诗、琐高率奚众及契丹怒皆部共 5000 人帐降唐玄宗，唐帝国为了安置他们设立了归义州①。这些塞外内附部族在唐设立的羁縻州郡之中，"官封世系、刑赏自专""赋税自私，不献于朝廷"，唐朝廷委任的地方军政长官很难把手伸进去，在安禄山叛乱后，这些部落中很大比例出于跟随劫掠的动机，都会选择加入叛军。

叛军在灵宝之战重创河西、陇右两军主力、进占长安之后，看似高歌猛进，但随后在关中的发展并不尽如人意。能在野战中击败十几万唐军主力的叛军精锐，在遍地豪强武装的抵抗之下，竟然无法在关中地区站稳脚跟。就在长安以西两百里的扶风郡，叛军派出的部队被当地豪强和陈仓县令联合歼灭，而叛军却无力派出新的部队前去争夺。在长安附近，伪燕派出去的官员经常被杀不说，小股部队也经常被豪强武装所消灭。久而久之，出了长安城的西门就是亲唐豪强的游击区，叛军被迫龟缩在少量坚城之中。

最初进入关中的叛军是契丹大贵族、安禄山情妇之子孙孝哲统率的两万精锐，包括在灵宝之战中为叛军胜利起了重要作用的五六千突厥人和同罗人。叛军攻占长安后，又收编了大批在灵宝之战中被打散的河西、陇右溃兵和中央军溃兵。但是，随着关中的叛军在政治上完全陷入被动，许多人都开始有了想法。先是这些突厥人和同罗人在突厥贵族阿史那从礼的带领下，选择脱离伪燕阵营，回到河套草原，想趁天下大乱复辟刚

---

① 今北京房山。

被回纥灭亡十多年的后突厥汗国。这支军队严重威胁到唐河套地区与新兴回纥汗国的安全，在香积寺之战前大半年就已经被两者联合剿灭。

陷入关中豪强游击战汪洋大海的叛军，在丧失了这么一支精锐后可谓雪上加霜，只能龟缩在长安附近的一小片地方，连剿灭周边豪强武装的能力都基本丧失了。这种情况下，一部分在唐玄宗抛弃长安时滞留，投降叛军后被统战封官的前唐朝高官，也纷纷找机会再次投奔唐朝。如唐京兆尹崔光远，投降后继续留任京兆尹，此时感觉伪燕大势已去，就谋划绑架孙孝哲之后反正，事情泄露后也成功逃到唐肃宗处。

安庆绪弑父自立后，把孙孝哲的军权分解给了多位将领，其中影响力最大的是安守忠和李归仁。安守忠在陈涛斜、永丰仓和清渠之战中都以少胜多击败了优势兵力的唐军。尤其是在清渠之战中，安守忠有效利用长安城周边漕渠、清渠的地形，击败了郭子仪亲自统领且兵力占优势的朔方、河西、陇右联军，奠定了一代名将的地位。李归仁应该是塞外某些突厥、铁勒部落的大贵族，很可能在阿史那从礼率部叛离伪燕出塞后，奉安庆绪之命带来一批援军尤其是骑兵，补充关中燕军的力量。李归仁部一贯的风格就是利用骑兵优势进行猛冲猛打，一旦杀红了眼，就完全忘了自己的战略任务是什么，只求追杀个痛快。正因如此，李归仁在永丰仓之战中曾大破朔方军，但不久后在三原之战中被朔方军报了仇，损失了大批精锐骑兵。但此时李归仁手上仍然拥有相当多的精锐骑兵。

也就是说，关中的叛军要么是河北南下的唐边军，要么是被唐羁縻的草原游牧部落武装，要么是收编的前河西、陇右边军或者中央军，加上些被唐羁縻的草原游牧部落武装。本质上，这支部队与对面的平叛唐军一样，主要都脱胎于天宝年间唐边镇精锐。

回纥骑兵和中亚雇佣军

叛军的一大优势便是其精锐的骑兵。得到大量突厥、契丹等部落贵族加盟的叛军骑兵，在安守忠、安太清、李归仁这样强悍指挥官的率领下，可谓所向披靡。此时，郭子仪所部唐军主力与叛军最大的差距，就是骑兵。唐军想战胜叛军的关键，就是克制他们的骑兵。

方法是现成的：叛军中最精锐的骑兵基本都来自蒙古高原，来自后突厥汗国灭亡后流亡的突厥贵族，以及以同罗为代表、依附这些突厥贵族加入燕军的部分铁勒部族。这些部众选择加入叛军阵营，归根结底是因为他们在蒙古高原的逐鹿中战败了。而蒙古高原争霸战中的胜利者回纥，已经和唐在对付阿史那从礼的复辟势力时合作过。击破阿史那从礼是唐和回纥汗国的共同需求，但中原的局势与回纥关系较小，要想出兵就得开高价。唐当时还希望依靠自身力量平叛，对回纥人出兵的高额要价并不愿意接受。但随着永丰仓之战、清渠之战唐军连续惨败，唐最终决定向回纥借兵。

最终双方达成协议，这个协议被完整地记载到史书里：

"初，上欲速得京师，与回纥约曰：克城之日，土地、士庶归唐，金帛、子女皆归回纥。"

回纥可汗派出4000回纥精骑赶赴前线。作为从蒙古高原争霸战胜利一方中选拔出来的骑兵队，这支骑兵的战斗力毫无疑问冠绝所有塞外骑兵。这支王牌回纥骑兵队的加盟，大大填补了唐军在骑兵上的"短板"，给唐军的整体战斗力带来了极大提升。

除此之外，于阗国王尉迟胜带来了5000人，还有以拔汗那（今费尔干纳盆地）为代表的一些中亚城邦小国派来的雇佣军，其中一部分雇佣军打着他们名义上的新宗主国阿拉伯人的旗号。但这批雇佣军总数并不多，一般认为各国雇佣军总共不过数千人，后来的实际战局中几乎没什么表现。甚至现在作为吐蕃附庸国的南诏，也象征性派出一小支部队示好，来支持唐朝平乱。以当时的交通条件，这支部队人数恐怕比中亚雇佣兵更少，与其说是来打仗的，倒不如说是表达自己和唐朝改善外交关系愿望的。

这些援军中的回纥人可谓至关重要，除此之外，其他部分只能说聊胜于无，后来的战局中也没有他们表现的任何描述。

各显神通的决战

在随后爆发的香积寺决战中，唐军第一线的步兵主要是李嗣业所率部队安西、北庭的精锐，也包含了王难得统率的河西、陇右残部。这些军队英勇无比，不但取得了对叛军步兵的优势，还配合骑兵成功打退了李归仁部骑兵的冲击，李嗣业部中的精锐陌刀兵更是把对手砍得"人马俱碎"。河西、陇右残部也在极为艰难的情况下扛了下来，为唐军的胜利作出了巨大贡献，成功为之前遭到的历次惨败复仇雪耻。

构成唐军第二线的朔方军步兵基本没有参战，仅仅与第三线的关内行营一起参与了后期的追剿，这是因为第一线的安西、北庭精锐和河西、陇右残部发挥太出色了。朔方军的骑兵与回纥人的精锐骑兵一起参与了战场右翼的决胜。至于南诏或者中亚城邦国家的雇佣军，只知道他们参战了，在此战中没有任何他们表现的记录，起到的作用比较有限。

对于叛军来说，他们的步兵和骑兵无论数量还是质量都处于绝对劣势。叛军的步兵甚至无法战胜唐军第一线的步兵，之前表现一度神勇的骑兵在回纥与朔方军骑兵面前也完全不是对手。既然如此，他们的失败也成为必然。

就这样，天宝年间为大唐开疆拓土的各路精锐在香积寺战场分属两路，展开了一场激烈的决战。唐军此战中的辉煌胜利，又为大唐延续了长达一百五十年的国祚。

绝域孤军
安西、北庭两个都护府相继陷落

第四篇

渔阳鼙鼓动地来，惊破霓裳羽衣曲。

——《长恨歌》（唐）白居易

历时八年的安史之乱毁灭了大唐王朝的极盛时代，也把远戍西域的唐军将士置于危险境地。

绝域孤军

说起来，唐玄宗朝虽号称盛世，实际上早就埋伏着深刻的政治危机。一方面由于"武皇开边意未已"，另一方面也是因为府兵制的崩坏，天下精兵尽皆集中于西、北沿边诸道。譬如，身兼范阳、平卢、河东节度使的安禄山，拥兵超过 20 万，一人即握有大唐全部边防军总数的 1/3 以上，称得上"范阳兵马雄天下"。在这种情况下，安禄山一朝谋反，唐廷以两京（洛阳、长安）子弟仓促组成所谓"新募兵"的乌合之众迎战河朔百战之余的叛军，纵以封常清这样的名将为帅，仍旧难免连战连败。

对此，唐廷所能拿出的守御之策，也只有调边军回救腹心了。"其朔方、河西、陇右兵留守城堡之外，皆赴行营，令节度使自将之；期二十日毕集。"设在西域的安西、北庭两节度使也奉命以精兵内调。北庭副都护高耀、北庭兵马使王惟良、宿将①荔非元礼等皆随军东去。安西方面，名将李嗣业、段秀实等也率步骑兵 5000 入关。

这是一支极有战斗力的军队。诗人杜甫在《观安西兵过赴关中待命》里欣慰地表示："四镇富精锐，摧锋皆绝伦，还闻献士卒，足以静风尘。"唐军收复长安时，正是以安西宿将李嗣业率领的边军为先锋，"所向摧北"。

所谓有得必有失，边军内调的确在一定程度上扭转了唐军平叛的被动局面，但也造成了边疆守备空虚，引来外敌觊觎。此时的吐蕃统治者，是堪与松赞干布齐名的赞普弃松德赞（公元 755—797 年在位）。面对唐朝内部的剧变，本就虎视

---

① 指久经战阵的将领。

眈眈的吐蕃趁机提出以"助讨国贼"的名义，名正言顺地进兵唐朝内地。被唐朝回绝后，吐蕃一不做，二不休，以地处青藏高原东缘的陇右为突破口，发动了对唐朝的军事进攻。公元 756 年，吐蕃连陷威戎（今青海门源）、神威（今青海海晏西北）、定戎（今青海湟源西南）、宣威（今青海西宁北）等地。第二年，吐蕃攻占陇右节度使治所所在地西平（今青海乐都）。再下一年，重镇河源（今青海西宁）治军也落到了步步紧逼的吐蕃军队手里……这就是杜甫笔下的"警急烽常报，传闻檄屡飞"。

到了广德元年（宝应二年，公元 763 年）十月，吐蕃调集了包括吐谷浑、党项、羌等附属民族在内的 20 万大军，发动了规模空前的攻势。在很短时间内，吐蕃攻克兰、河、秦、渭等陇右诸州，并马不停蹄地进入大震关（在陕西陇县西境），没有遇到任何抵抗就开进长安城。长安陷入外兵之手，从李唐建国以来还是第一次。

吐蕃人虽无意长期盘踞长安，但陇右的大片土地就此被吐蕃纳入管辖。由于吐蕃占领了陇右诸州，原来唐朝东起大海、西抵葱岭（帕米尔高原）的统一领疆已断裂为二，河西与西域已同唐廷直辖的关内、剑南诸道切断了联系，成为远离唐廷的飞地。在吐蕃的后续攻势中，按照《元和郡县图志》记载，广德二年（公元 764 年）凉州陷蕃，永泰二年（公元 766 年，是年十一月改大历）甘州陷蕃，大历元年肃州陷蕃，大历十一年（公元 776 年）瓜州陷蕃。安西、北庭因此显得更加孤立无援。

由于通过河西走廊的东、西交通完全断绝，安西、北庭方面就连封建时代极为重视的"正朔"也无法与朝廷保持一致。唐朝后期年号更换频繁，如"永泰"（公元 765—766 年）、"大历"（公元 766—779 年）、"建中"（公元 780—783 年）等。可西域唐军在很长时间里一直沿用"广德"年号，只因西域无法及时获悉朝廷"改元"的消息。

但唐廷并不打算就此放弃西域。当时的名臣李泌以为，安西、北庭"又分吐蕃之势，使不能并兵东侵，奈何拱手与之"！建中四年（公元 783 年）正月，唐、蕃双方清水会盟，规定"吐蕃守镇兰、渭、原、会，西临洮，东成州"，也就是承认其占有陇右的既成事实。但条约里尚有特殊规定："盟文所有不载者，蕃有兵马处蕃守，汉有兵马处汉守，不得侵越。"按此，安西、北庭皆有唐军驻守，自然仍归属唐朝。吐蕃赞普弃松德赞拒绝签署这一盟约，原因也是看到了这一点——他们早就将孤悬在外的西域看作自己的囊中之物了。

何以坚守

吐蕃政权之所以在不断对唐发动局部进攻的同时，仍保持双方使节往来不辍，是因为他意图迫使唐朝重新划分边界，不战而取西陲飞地。和议不成，吐蕃转而动武。"飞地"中最先沦陷的是沙州。沙州虽然隶属河西节度，却地兼碛（qì）西，包括蒲昌海、石城镇、播仙镇、蒲桃城等在内的广大地区（隋鄯善、且末二郡，今若羌至且末）。沙州唐军打得很顽强，"城守者八年，出绫一端募麦一斗，应者甚众。沙州官员阎朝喜曰：'民且有食，可以死守也'。直到粮、械皆竭，才在"苟毋徙佗（他）境"的条件下开城投降（公元786年），"自攻城至是凡十一年"，可以说虽败犹荣。

沙州沦陷，安西与北庭陷于完全孤立。但两地还是坚持了相当长的时间。建中二年（公元781年），北庭和安西仍然泣血相守，李元忠和郭昕因其忠义分别被唐朝册封为北庭大都护和安西大都护及四镇节度使。而《悟空入竺记》记载，悟空和尚（俗名车奉朝）途经北庭。当时的北庭大都护杨袭古乃虔诚的佛教信徒，此年仍在大兴佛法，奖掖译经。可见贞元五年（公元789年），北庭仍然安谧无事。悟空和尚在焉耆（qí）还见了当地国王与镇守使，而且"延留三月"，说明唐朝在当地设立的国王管民政、镇将摄军事的统治秩序并没有被破坏。不仅如此，从库车出土的文书、于阗出土的汉文文献来看，建中至贞元初期，安西四镇比以往显得平静。

安西、北庭的唐军作为绝域孤军，为什么能坚持这么多年？这与西域的自然地理特征分不开。吐蕃军队从游牧地区进入西域绿洲，这里以独立城邦分散布局，而城邦周边自然地理条件不易驻居，使军队的给养方式受到限制。塔里木盆地周边散布着大大小小100多个绿洲，依靠高山融雪的灌溉，绿洲的农业经济都有一定程度的发展。因此，以农耕为业的中原军队开赴西域后，生活方式与习性，乃至生活环境都容易适应。塔里木盆地边缘绿洲素称"城郭诸国"，守住了绿洲也就等于守住了诸国。

另外，西域唐军主力虽然内调，但余部不可小觑。公元692年之前，这里的部队主要是从内地征召来的府兵，隔几年换防一次。[①]公元692年后，由于均田制的破坏，西域的驻兵主要变成招募的镇兵。这些职业军人有着相当强的战斗力。库木吐喇石窟的壁画上，描绘了两名身穿铠甲的武士骑马而来，一位正跃上殿堂抓捕，另一位则策马挥刀。壁画创作于8世纪左右，中原风格，画中人物穿着为唐代汉人服饰，两名武士身着唐代士兵的铠甲明光甲，戴头盔，手执长剑。壁画中除了描绘唐代士兵铠甲装备，还描绘了军马的铠甲，从头部到腿部都有防护，可见西域唐军的装备相当精良。安西都护府治所龟兹

————

① 长寿元年（公元692年）是安西四镇军镇化的重要关节点，自此其由镇戍体制向军镇体制演变。详见荣新江：《于阗在唐朝安西四镇中的地位》，《西域研究》1992年第3期，第58—59页；孟宪实：《于阗：从镇戍到军镇的演变》，《北京大学学报》2012年第4期，第120—128页。

（库车）地区蕴藏着丰富的铜、铁、锡、铅、锌等矿产资源。《汉书·西域传》载："龟兹饶铜、铁、铅……"4世纪时，龟兹国冶铸的铜器、铁器，可以"恒充三十六国之用"。西域的唐军掌握了龟兹的金属矿藏，武器方面很可能是自给自足的。另外，为保证军粮供应，唐朝在西域实行屯田，至今留下大量的屯田遗址，主要分布在塔里木盆地两缘各绿洲。西域屯田规模空前，保证了驻军粮草的供给。由此看来，安西驻军的后勤补给中，粮草、武器基本能自给自足，这自然有利于长期固守。

不仅如此，唐军还在西域设置了很多军事防御设施，有烽燧、关戍、城池，形成完善的防御体系，绝不是外敌可以轻易攻取的。烽燧沿交通线设立，并和馆驿结合，发挥预警及维护交通通畅的作用；关戍、守捉和烽燧组成防御前线；城池沿袭中原军事城池的建筑，集中驻扎军队，成片分布，互为依托，形成多重严密的防御体系，不是外敌能够轻易攻取的。

值得注意的是，安西、北庭与唐廷的直接联系虽为夺取陇右、河西后的吐蕃隔断，但并非完全孤立无援。占据大漠南北的回纥（鹘）与唐廷大体保持了友好关系。不但安西、北庭的奏事官们得以"取回鹘路"入朝，回鹘的军事力量也在事实上成为西域唐军的重要盟友。不过，这条"回鹘路"并不是轻易可以利用的。回鹘除了"肆行抄夺""诛求无厌"外，由于当时的回鹘人笃信摩尼教，还对其他宗教采取排斥态度。比如，前面提到的悟空和尚就因为可汗"不信佛法，所赉（jī）梵夹，不敢持来，留在北庭龙兴寺，藏所译汉本，随使入都"。更重要的是，回鹘的军力远没有达到凌驾吐蕃之上的程度，在西域的争夺中最后败下阵来，这也注定了安西、北庭守军的悲剧命运。

独力难支

顺便提一句，吐蕃军队不是乌合之众，他们法令严明，每次作战都要下马列阵，前队战死则后队跟进，如此往复，绝不后退。而且，唐代的《通典》也明确记载，吐蕃"人马俱披锁子甲，其制甚精，周体皆遍，唯开两眼，非劲弓利刃之所能伤也"。事实上，当时的吐蕃锁子甲的工艺水平在整个亚洲都非常有名，阿拉伯人的文献也记载吐蕃的铠甲（吐蕃盾）如此精良，竟坚不可穿。公元729年左右，突厥别部突骑施①进攻阿拉伯帝国（大食）控制下的中亚河中地区，当突骑施可汗苏禄出现在阵地上时，阿拉伯军队中的两位神箭手对其进行了狙击。结果，二箭都射中苏禄的面部，却不能取其性命，拯救了苏禄的正是周身只露出两只眼睛的吐蕃锁子甲。

---

① 原为西突厥别部，西突厥十姓部落之一。

装备精良、训练有素的吐蕃军队，还在西域争夺中得到了一个盟友——葛逻禄。这是一个异姓突厥强部，原本依附于突厥汗国。这一属性决定了突厥汗国覆灭后，葛逻禄与回纥（同样曾臣服突厥汗国）处于争夺突厥遗产而"一山不容二虎"的状态。此部本来一直助唐抗击吐蕃，但与回纥存在着尖锐的矛盾。因为"厌其夺掠"，而"吐蕃厚赂"，干脆叛变投靠吐蕃去了。

从贞元五年（公元 789 年）冬天开始，吐蕃向唐朝西域发动大规模进攻。至次年四月左右，在葛逻禄的帮助下，吐蕃军队终于攻陷北庭。庭州这座天山北麓名城重镇，在贞观十四年（公元 640 年）归唐，二十二年（公元 648 年）由羁縻庭州升为庭州，[①]长安二年十二月十六日戊申（公元 702 年）创立北庭都护府，之后晋级为北庭大都护府并独为一节度，作为唐朝治理碛西东部地区的军政中枢，存在近一个半世纪之久。贞元七年秋，回鹘"悉发其丁壮五六万人"，联合北庭的唐军余部，反攻北庭。结果又被吐蕃、葛逻禄联军击败，"死者大半"。葛逻禄"乘胜取回纥（回鹘）之浮图川，回纥震恐，悉迁西北部落羊马于牙帐之南以避之"。此战之后，回鹘势力转

---

① 郭声波先生研究认为，在贞观十四年庭州只管辖蒲类一县，到了贞观二十二年，则管辖有金满、轮台、蒲类三县。故有由羁縻庭州升为庭州之言。见郭声波：《中国行政区划通史·唐代卷》，复旦大学出版社 2012 年，第 1042 页。

衰。而葛逻禄则代之而兴，接管了天山北麓东部地区。

北庭沦陷以后，唐朝的西域残余领地仅余西州、安西两大主要城堡及其卫星据点。西州陷落的时间晚于北庭。《旧唐书·吐蕃传》则记"自是安西阻绝，莫知存亡，唯西州之人，犹固守焉"，说明唐朝已无确切情报。能够肯定的是，安西所坚持的时间又长于西州，因为大都护府驻节龟兹，唐兵尚众，另有于阗、疏勒、焉耆三镇守军环拱周围，加之城郭诸国效命，又有回鹘为奥援，所以虽在地理上距唐最远，距蕃最近，却足以使强邻未敢轻动。

据《九姓回鹘可汗碑》所记，回鹘曾应请驰援，重创吐蕃军队："吐蕃落荒，奔入于术，四面合围，一时扑灭，尸骸臭秽，非人所堪，遂筑京观，败没余烬。"可惜好景不长，西域大战的结局仍是以吐蕃、葛逻禄的胜利、回鹘的失败而告终。至元和十一年（公元 816 年），吐蕃与葛逻禄的联军已大败回鹘。事后吐蕃大相尚绮心儿曾对唐使刘元鼎说："回鹘，小国也，我以丙申年，逾碛讨逐，去其城郭，二日程计，到即破灭矣。会我本国有丧而还。"失去回鹘支援的安西终于陷落。其时间在公元 801 年左右，这一时间出于后世推测，推测的来源则是诗人记载的历史悲剧。①元稹在《缚戎人》记述了一位

———————

① 据徐承炎《唐后期安西陷落考证——兼论吐蕃进攻安西的路线》（《中国边疆史地研究》2022 年 4 期）所考，安西陷落时间为贞元十七年（公元 801 年）。

"小年随父戍安西"却沦为蕃俘的唐朝戍卒，此人后来只身奔唐，反为唐朝边将作为蕃俘押送流放。这位历史的见证人明确提到，安西这座为唐军固守的碛西最后城堡陷于吐蕃的一次初冬夜袭："烟尘乱起无亭燧，主帅惊跳弃旄钺。半夜城摧鹅雁鸣，妻啼子叫曾不歇……"

安西的陷落标志着安史之乱以来，唐朝的政治军事势力在坚持了超过半个世纪后，以一种悲壮的方式退出了西域。而对吐蕃来说，在完成夺取西域的夙愿后，它也达到了兴盛的极点。后来的藏文史书《贤者喜宴》对此形容：故（吐蕃势力）东达昴宿星升起之地京师万祥门；南抵轸宿星升起的边地恒河河畔建立石碑之地。

平凉劫盟
大唐河西之地沦陷

赞普遂尽盗河湟，薄王畿为东境，犯京师，掠近辅，残饎华人。

——《新唐书·吐蕃列传》

贞观元年（公元 627 年），唐太宗划全国为十道，并划陇坻以西为陇右道，位列第六。至睿宗景云二年（公元 711 年），又因政治和军事上的需要，唐廷从陇右道中分出黄河以西为河西道，领凉（甘肃武威）、甘（张掖）、肃（酒泉）、瓜（安西）、沙（敦煌）、伊（新疆哈密）、西（新疆吐鲁番一带）七州。因为河西、陇右分治的关系，习惯上便简称河、陇。

从地理上看，河、陇蜿蜒向西，边界漫长。在"贞观十道"，尤以陇右道边境线曲折漫长。其军事地理形势，犹如"单臂搏四手"，左右招架，武力不雄则难以言胜。尤其是青藏高原的吐蕃兴起后，这一线面临相当大的边防压力。吐蕃政权的创立者松赞干布（约公元 617—650 年）去世后，以大相禄东赞家族为首的一批奴隶主贵族，便向唐王朝发动了掠夺土地、财物和人口的战争。漫长的唐蕃边境线上大小冲突及摩擦几乎连年不断。唐玄宗特设河西节度使以断隔吐蕃与回纥的联系，并以陇右、剑南两节度使专防吐蕃。开元、天宝年间，只河西、陇右两节镇即拥兵达 14.8 万人，猛将精兵皆聚于西边，烽戍相望，一时让吐蕃无隙可乘。

趁火打劫

天宝十四载（公元 755 年）安史之乱以后，唐西域、河西、陇右精兵劲卒东调平叛，入靖国难，留守边疆者多为老弱病残且寡不敌众、守备空虚，给吐蕃东扩以可乘之机。史载："肃宗至德元载八月，帝在灵武，回纥首领、吐蕃酋长相继而至，并请和亲兼之讨贼（时安禄山陷西京也）……二年二月，帝在凤翔，吐蕃遣使来朝，请助讨贼。引见之，赐以束帛、器物有差。"表面上看，吐蕃是向唐朝表示可以帮助平叛，但实际用意不问可知，无非以"助国讨贼"为名，要求派兵开进唐朝内地，旨在侵占唐朝疆土。既然是"盟军"，唐朝的边兵自然没有理由阻止吐蕃军入境，但他们来了还会走吗？大约也是出于这种担心，尽管吐蕃一再表达"诚意"，可唐廷始终没有答应其出兵援助的"请求"，只不过"宴赐而遣之"而已。

图穷匕见。吐蕃乘虚深入为寇，"日蹙边城"，对唐疆土不断蚕食鲸吞。至德元年（公元 756 年），吐蕃一举攻陷威戎、宣威、制胜、金天、天成等军，入据石堡城（今青海湟源西南）、百谷城（今青海贵德东南）、雕窠城（今临夏西百余里）。到广德元年（公元 763 年），吐蕃入大震关（亦称陇关，位于今清水县东陇山一带），取兰（今甘肃兰州）、河（今临夏）、洮（今临潭）等州，陇右之地尽为吐蕃所有，关中地区与河西走廊已然道路不通。反观吐蕃，以陇右为前进基地，以此为根据地，吐蕃东攻关中、北征河西、西击碛西皆游刃有余，在战略上处于明显的优势地位。

广德元年，吐蕃侵入长安，迫使代宗逃离京城。尽管吐蕃军队不久即走，但"长安城中萧然一空"。到了第二年，吐蕃转而向西发展，开始吞并已经陷入孤立的河西诸州。当然，小规模的进攻其实早就开始了。敦煌文书《吐蕃大事纪年》记载，至狗年（肃宗乾元元年，公元 758 年）："论·墀桑、思结卜藏悉诺囊等引劲旅至凉州城。是为一年。"①广德二年（公元 764 年），对吐蕃而言，的确出现了一个好时机。当时，唐朝叛将仆固怀恩与之联兵攻占长安，身处险境的河西节度使杨志烈采取"围魏救赵"的策略，发兵攻灵武，迫使仆固怀恩回军救援，长安之围始解。杨志烈此举虽有"安唐室之功"，但"河西锐卒，尽于此矣"。同年十月，吐蕃围凉州，在吐蕃的攻势下，"士卒不为用"，杨志烈无力固守，被迫退保甘州，途中于永泰元年（公元 765 年）为沙陀所杀。吐蕃步步紧逼，大历元年（公元 766 年），又攻陷了甘州。不久，肃州也宣告陷落。大历十一年（公元 776 年）吐蕃攻陷瓜州。吐蕃赞普也"徙帐南山"，令部将率兵围攻沙州。

河西军民在与内地隔绝无援的极艰苦情况下，克尽守土之责。沙州军民的拒守尤为卓绝。沙州刺史周鼎欲据城固守，乃向回纥求救。但回纥援兵"踰年不至"，周鼎打算焚毁城郭，引众东奔，遭到众将反对。奉命行视水草的都知兵马使阎朝等人借进谒辞行之机，缢（yì）杀周鼎，并取而代之。阎朝上任后，率沙州军民拼死抵抗达八年之久。此间，为解决食粮问题，他曾下令"出绫一端，募麦一斗"，结果"应者甚众"。

直至贞元二年（公元 786 年），沙州城内陷入"粮械皆

---

① 王尧、陈践译注：《敦煌本吐蕃历史文书》，民族出版社 1992 年，第 155 页。

尽"的绝境，在围城的吐蕃军队承诺"毋徙他境"这一条件后，沙州军民才被迫开城出降。如从吐蕃大军开始围攻沙州算起，沙州这座孤城坚守了十一年之久。至此，吐蕃占据了整个河西地区。

城下之盟

这其实是吐蕃与唐代其他边疆政权迥异的地方。《全唐文》卷七三七，沈亚之所作《西边患对》一文比较吐蕃与回纥的不同时说："西戎则不然……其策甚远，力战不患死，所守必险，所取必地。而唐人军中以为材不能，皆易之。故自安西以东，河、兰、伊、甘及西凉，至于会宁、天水万三千里，凡六镇十五军，皆为西戎有，由易而见亡也。"相比漠北游牧民族（如突厥）往来如风的袭击，吐蕃是明确以占领对方土地为目的，唐也因此蒙受了巨大的领土损失。

话说回来，在河西军民困守孤城的时候，唐廷又在干什么呢？说来令人意难平，唐廷居然准备以放弃河西为代价与吐蕃媾和。广德二年（公元 764 年）九月，已平定安史之乱的唐王朝从各路调兵，抵抗吐蕃入寇。在西南战场，唐在反攻中很快取得胜利，剑南节度使严武破吐蕃七万余众，取得一场大胜；在北方战场，该年十月在吐蕃进攻邠州时，朔方兵马使郭晞"遣马步三千于邠州西夜斩贼营，杀千余人，生擒八十三人，俘大将四人，马四百匹"。但唐廷随后委派的将帅郭子仪、李抱玉的所加官衔中加了"通和"二字，分别为"充北道邠宁、泾原、河西已东通和吐蕃及朔方招抚使"与"充南道通和吐蕃使、凤翔秦陇临洮已东观察使"。考察这两个职任的辖区，前者显然不包括河西，后者显然不包括洮州临洮郡以西的河西九曲地。对此，《通鉴》胡三省注称："托通和以缓吐蕃之兵。"其实这不仅仅是借以缓和吐蕃的兵势，还更有深意，前者为"河西已东"，后者为"临洮已东"，都在明确表明唐廷继续请求与吐蕃和谈，而且和谈的条件是以割地为代价，唐向吐蕃明确暗示将割让整个河西及河曲等地，以此为条件与之妥协。

连年的战争使唐国力大损。"军士膏于原野，民力殚于转输，室家相吊，人不聊生。"更重要的是，藩镇割据愈演愈烈，唐朝内部矛盾日益尖锐，唐中央已无足够的财力和人力来抵御吐蕃的进攻，更急于解决藩镇问题；并且与日益骄横的回纥之间的"绢马贸易"也使唐王朝不堪重负。同样对于吐蕃而言，不时败战也丧师耗财，力不从心。在这种情况下，吐蕃内部的鸽派得势，"时吐蕃大相尚结息忍而好杀，以尝覆败于剑南，思刷其耻，不肯约和，其次相尚结赞有材略，固言于赞普，请定界盟约，以息边民。赞普然之，竟以结赞代结息为大相，约终和好"。吐蕃的谈判条件是什么呢？涉及名、实两方面。"名"的一块，吐蕃要求更改国书措辞，守敌国礼（平等国家礼）改"贡献"为"进"，改"赐"为"寄"，改"领取"为"领之"；"实"的方面，吐蕃要求定界"云州之西，请以贺兰山为界"。唐德宗应允，于是双方"定界、盟约，并从之"。

建中四年（公元783年）唐历正月，唐凤翔陇右节度使张镒与吐蕃尚结赞等盟于甘肃清水西，仪式非常隆重，筑土坛，唐、蕃各以千人，持兵列队坛外二百步，又各以徒手千兵，侍立于坛下，唐、蕃双方代表皆升坛，杀三牲，歃血而盟。这次"清水和盟"的主要内容为唐蕃双方疆域的重新划定。这次盟约规定的界线十分明确，彼此不仅从双方往来的三条道路做出了明确规定，而且从行政区域上也做出了明确规定。其中，从唐蕃往来的关陇大道讲，"陇州西至清水县"为汉界，而清水县以西为蕃界；从行政区域上讲，唐朝正式承认"兰、渭、原、会，西至临洮"的各州为吐蕃疆界。具体来说，北方大致以陇山、六盘山、贺兰山为界，南方以大渡河为界，而且在双方边界之间留有一定的缓冲地带（闲田）。此线以西，除包括唐朝继续坚守的西域安西、北庭飞地外，原属唐朝的河陇十多个陷蕃州郡都明确划给了吐蕃。经历安史之乱后，吐蕃几番长驱直入，吞并唐朝大片河陇旧地。至此，算是得到了唐朝正式承认。换句话说，这是唐朝以首次公开承认吐蕃对河陇的占领为代价，来换取吐蕃停止对其边疆的继续进攻，称得上是个屈辱的"城下之盟"。

平凉劫盟

按理说，清水会盟满足了吐蕃的领土野心，但吐蕃统治者还不满意。原因是盟约对尚驻有大批唐军的飞地（西域）归属问题，做了灵活的规定：盟文有所不载者，蕃有兵马处蕃守；汉有兵马处汉守。吐蕃意欲与唐朝东西两分，自然容不得身后存有唐军盘踞，还规定"并依见守，不得侵越"了。

吐蕃本就存在毁约的念头，唐朝内部发生的朱泚之乱又成了天赐良机。公元783年，唐德宗发泾原镇兵镇压淮西叛乱，但泾原兵经过奉天时发生兵变，乱兵推举朱泚为首，朱泚之乱就此爆发。唐廷病急乱投医，竟向吐蕃求援，代价是放弃西域飞地。这一决策遭到有识之士的激烈反对："一旦弃之与戎狄，彼其心必深怨中国，他日吐蕃入寇，如报私仇矣。"若唐朝如此行事，则吐蕃之势焰嚣张，唐朝亦失尽西域人心，后果十分严重。"众议亦以为然，上遂不与。"唐德宗便以吐蕃助唐平叛不彻底，又大掠武功之地的财物为由，拒绝其索要土地的要求，只兑现每年彩绢一万匹。这样的政策反复，迅速激化了矛盾，唐蕃关系又紧张起来。兴元元年（公元784年）十月，尚结赞率军进攻泾州，指责唐朝失信，实施报复，唐蕃双方重开战火。

但今时不同往日，相比安史之乱的狼狈，唐军已有准备。贞元三年（公元787年）冬春，吐蕃"羊马多死，粮运不继"，于是请和。唐德宗因为做太子时曾经遭到回纥可汗的侮辱（"安有中国储君向外国可汗拜舞乎"）一直耿耿于怀，虽然朝廷里多人建言吐蕃不可与之盟，但他仍想借吐蕃兵以制回纥，于是才有了平凉会盟。

说是会盟，其实是一个阴谋。吐蕃大相"颇多诈谋"。他早已认识到"唐之名将，李晟与马燧，浑瑊（jiān）尔，不去三人，必为我扰，乃行反间"。贞元三年闰五月十九日，唐蕃在平凉川（今宁夏固原、甘肃平凉附近）正式会盟。唐德宗派浑瑊为会盟使，并以兵部尚书崔汉衡为副使，郑叔矩为判官。会盟细节双方先达成协议。唐、蕃各以3000将士列于盟坛东西两侧，唐军在东，蕃军在西，允许各带400人入坛，各派游骑数十人互相巡视。从这点看唐朝还是有所防备的，但没料想到吐蕃方面竟如此处心积虑：尚结赞秘密将数万精兵埋伏于盟坛西侧，欲一举杀掉唐朝名将，乘势进入关中。

会盟当日，蕃军游骑于唐军阵营出入无阻，频繁巡视。而唐军游骑六十余人进入蕃军阵营巡视时，即刻全被扣押。对此，唐方没有任何察觉，浑瑊贸然带领唐方副使崔汉衡等一行二十一人入坛。唐使初进，即被尚结赞以更换礼服为由将其诱骗入蕃军军帐内。吐蕃击鼓三声，吐蕃大军齐涌，劫持浑瑊及其他唐军盟使。浑瑊是武将出身，他夺得一匹没有上口勒的马，狂奔逃脱，幸免于难。副将辛荣率兵数百与蕃军激战，死者数百人，终以势单力薄难以御敌而投降吐蕃；判官韩弇

（yǎn）、监军宋凤朝均战死。尽管尚结赞原计划的截获浑瑊、嫁祸支持会盟的马燧、离间李晟使唐朝名将尽失，直下长安的计谋未能实现，吐蕃军队还是乘势大掠，驱赶丁壮万余人后退回清水境内。平凉劫盟实际上是吐蕃对唐朝的一次有计划、有预谋的军事袭击，借口会盟而削弱唐朝边军力量。

"平凉劫盟"的后果当然也很严重。毕竟从古到今都尽量遵循着"两国交兵，不斩来使"。其后近四十年，唐蕃会盟不通。唐德宗也彻底放弃联合吐蕃的幻想，转而"北和回纥，南通云南，西结大食、天竺"，使吐蕃陷入了孤立境地。

但河西却已无法恢复。长庆元年（公元 821 年），唐蕃终于再次会盟。这次会盟，规定"蕃汉二国所守见管本界，以东悉为大唐国境，已西尽是大蕃境土，彼此不为寇敌，不举兵革，不相侵谋封境"。不但河西，就连当年的西域飞地，此次也都被唐朝放弃，正式承认为吐蕃管辖了。

这就使得自汉代开拓四郡以来就成为中原郡县的河西走廊沦为异域。"自天宝以降，中原多故，莫大之虏，盗取西陲。男为戎臣，女为戎妾。不暇弔伐，今将百年。"沈下贤在《对贤良方正能直言极谏策》里就说："又尝与戎降人言，自轮（翰）海已东，神乌、敦煌、张掖、酒泉，东至于金城、会宁，东南至于上邽、清水，凡五十六郡、六镇、十五军，皆唐人子孙，生为戎奴婢，田牧种作，或丛居城落之间，或散处野泽之中。"吐蕃统治者强迫河西的汉人着吐蕃服，留吐蕃发，说吐蕃话，一年之中，"唯正岁一日（春节），许唐人之没蕃者，服唐衣冠"。

　　这样的屈辱处境，并不能隔断河西百姓对中原政权的向心力。长庆二年（公元 822 年），刘元鼎在经过河陇地区至逻些（今西藏拉萨）与吐蕃会盟时，在龙支城（今青海民和县南），当地耆老千人拜泣说："顷从军没于此，今子孙未忍忘唐服，朝廷尚念之乎？"也正是因为这一强大的向心力，使得吐蕃统治下的河陇地区始终暗流涌动，并终于在 9 世纪中叶出现了一位真正的英雄人物——张议潮，上演了"河、陇陷没百余年，至是悉复故地"的传奇。

吐蕃及其反对者 河西势力的重构

唐武宗会昌二年（公元 842 年），大力灭佛的朗达玛被刺杀，这是统一的吐蕃王朝的最后一位赞普。随后，各派势力为争权夺利展开了血腥的大规模混战，从青藏高原的吐蕃本土到河西走廊及西域，这些在安史之乱后被吐蕃占领的唐朝领土，到处都是互相攻杀的武装。自松赞干布统一以来，吐蕃政权已持续两百余年，此时就这样走向了崩溃。

被吐蕃占领了大半个世纪的河西走廊，从此进入了新的阶段。对于吐蕃崩溃到西夏崛起间的河西走廊，我们只对张议潮的归义军略有了解，还能从经典电影《敦煌》中对西夏崛起年代的河西走廊风貌略窥一二。不过在历史上，这段时期的河西走廊的各路势力犹如走马灯般，在交流与融合中书写了一段段传奇。

这一阶段的河陇地区，除了归义军外，还有哪些主要军政势力？他们又有什么故事？

作为反吐蕃盟主和割据势力的归义军

吐蕃政权起于青藏高原，随着其势力扩张到青海地区、吞并吐谷浑后，吐蕃与唐开始直接接壤。吐蕃的军事行动往往以少量的本部吐蕃（包括同样来自青藏高原的苏毗、象雄）精兵为核心，带领青海、河西、陇右等被征服之地的游牧部落从军作战，其中包含吐谷浑、党项、羌人等曾受唐朝羁縻的部族。随着安史之乱的爆发，唐朝逐步衰败，于阗、沙陀等羁縻部众也相继沦为吐蕃附庸。公元 840 年，黠戛斯突袭回鹘汗国，回鹘汗国崩溃，回鹘部落纷纷西逃并依附于吐蕃。

随着吐蕃赞普朗达玛被杀，河西、陇右、西域也陷入混战。吐蕃的赋税徭役很重，但能提供基本的秩序和法度，人民尚可勉强生存。其后，以论恐热、尚婢婢为代表的吐蕃地方军阀混战，原有的秩序逐渐崩溃，只剩下大规模烧杀抢掠。

河西、陇右地区人民都想脱离这场残暴的吐蕃内战。尚婢婢为了削弱基本盘踞在河西、陇右地区的论恐热，也曾在当地散发檄文，声称"汝辈本唐人，吐蕃无主，则相与归唐，毋为恐热所猎如狐兔也"，主动鼓励河陇地区的民众脱离吐蕃投奔唐。在这种情况下，河陇地区很快兴起了许多反吐蕃武装。

这些武装中最早起兵且最有名的是张议潮的归义军政权。张议潮率先在沙州（敦煌）公开起兵反对吐蕃，但他能实际控制的基本盘只有沙州、瓜州二地。归义军巅峰时期号称拥有十一州之地，河陇地区其他脱离吐蕃自立的小政权选择在名义上依附张议潮，主要是因为他们希望攀上唐的旗号，以防吐蕃政权可能的反攻倒算。随着论恐热、尚婢婢等河陇地区主要的吐蕃大军阀走向衰弱，这一旗号已没有太多实际作用，河西走廊陷入群雄争夺的阶段，而归义军的实力在其中并不占优势。

归义军的基本盘沙州（敦煌）在天宝末年时有 6395 户、3.2 万人。安史之乱爆发后，河西唐军主力东调平乱，敦煌抵抗吐蕃约三十年后终于陷落。长期战争使得沙州人口非常有限。在出土的敦煌文书中，我们时常能看到"荒地""空地""见无主是实"等无主土地抛荒的记录，可见人口的损失。有学者根据《沙州都督府图经》和《寿昌县地志》残卷，推断张议潮起义前后沙州的户口仅有 2 万人左右。瓜州的人口则一直比沙州低一个等级。所以，名义上"得地四千余里，户口百万之家"的归义军，实际能控制的人口不过 3 万左右。在曾名义上归属归义军的甘州（张掖）周边，有着吐蕃人、吐谷浑、龙族（西域国家焉耆的遗民）在内的 15 个自成部落的族群。肃州（酒泉）周边则以龙族人为主体。

按史书记载，吐蕃对河陇地区的汉人"赐部落之名，占行军之额，由是形遵辫发，体美织皮，左衽束身，垂胲跪膝"。即使是张议潮这样的汉人，在经历了吐蕃半个世纪的统治，习俗、文化方面已经逐步吐蕃化。张议潮作为河西地方豪族，有着明确的唐人认同，但归义军最早向唐朝上奏表章，都是用藏文书写的。所以，在随后河西、陇右、青海和西域的一系列势力中，归义军的实力反而是比较弱的，能维持这么久且一度战胜甘州回鹘已属不易了。

嗢末：反吐蕃的民族大杂烩

张议潮在唐大中二年（公元848年）驱逐吐蕃沙州守将自立，在养精蓄锐十多年后，利用论恐热和尚婢婢内战持续激烈化的机会，在咸通二年（公元861年）收复凉州（今甘肃武威），打通了和唐廷的直接联系之路。然而，归义军本身的体量实在太小，根本无力分兵守卫凉州，便希望唐廷遣人掌控凉州。唐廷从关东调集了2500名藩镇兵驻防凉州，但这里很快丢失给一个叫"嗢末"（又作温末、浑末）的势力。

所谓嗢末，指的是河西、陇右等地为吐蕃服役的奴隶军户，其族源极为广泛，基本包含了前面所说的吐蕃征服后统属的各个民族，既有象雄、苏毗等被吐蕃征服的青藏高原本地部落，也有吐谷浑、党项、羌人这样被吐蕃征服较早的族群，还包含了大量原属唐的汉人和胡人。在吐蕃治理下，他们都有着自己的部落或族群，嗢末便是对他们的统称（按《新唐书·吐蕃传》记载，则是他们的自号）。长期共同服役的经历、吐蕃内战造成的杀戮和破坏，使得这些来源驳杂的多民族群体有着共同的价值观：从吐蕃内战的混乱中脱离出来，自守一方。

早在唐大中十一年（公元857年），不想在内战中充当炮灰的吐蕃贵族尚延心就带领河州、渭州的嗢末部落万余帐投降了唐。唐廷令其定居于唐与南诏交界的戎州（今四川叙州）一带，有效震慑了多次在这个方向骚扰的南诏国。据说这批嗢末部落便是今日甘孜地区藏族的祖先之一。直接内附唐朝的嗢末部落毕竟占少数，脱离吐蕃控制后，大部分嗢末部落继续活跃在河陇地区，形成了自己的政权和割据势力。由于以凉州周边地区为核心，他们也被称为"凉州嗢末"。

许多嗢末部落曾挂过归义军旗帜，因此张议潮名义上曾一度节制河陇地区十一州。正如前面所说，张议潮能直接稳定统治的不过沙州（敦煌）和瓜州（河西县）二地，甚至在短暂占领凉州后都无力控制，因此对其他各地都是遥领为主，更像一个名义盟主。如曾为吐蕃内战一方尚婢婢部将的拓跋怀光，在最终斩杀了论恐热后，遣使直接向长安的唐懿宗朝廷报捷。拓跋怀光割据的鄯州（今青海乐都）名义上是张议潮节制的区域，他直接向唐廷报捷这一行为说明张议潮根本管不了他。在河陇地区的吐蕃贵族势力强大时，各地独立的嗢末需要通过张议潮的关系，挂出大唐的旗帜来预防可能的反攻倒算。随着吐蕃势力的衰落，嗢末部落不再理会归义军，而是自立政权，也是非常正常的。在建立起以凉州为核心的割据政权后，嗢末成为河西走廊东段一支举足轻重的力量。

作为原来统一吐蕃王朝压迫下的军户，嗢末人有着不同于河陇地方大族的文化认同。河陇地区作为中西交通要道，往来部族众多，其中的吐蕃人、吐谷浑人、回鹘人、羌人等都有着很大的人口基数。而这一区域的可耕种土地相当有限，无论从汉族的人口基数还是农耕区域能供养的定居人口看，归义军都缺乏足够多的兵源，统治基础薄弱。而且河西走廊的各州地理相对独立，每个州的人口、土地比起周边地区都没有压倒性优势，在没有外力介入时，从地缘上就很难统一。因此，早期拥有十一个郡的归义军政权，更像基于反对吐蕃的政治立场而存在的临时政治同盟。吐蕃崩溃后，这个同盟的存续也就丧失了意义。

嗢末的族裔构成复杂，注定其统治难以长久。一部分不愿意留在河陇地区的吐蕃嗢末选择回吐蕃本土，但此时吐蕃本土在持续内战后也走向衰落。许多吐蕃裔嗢末人回归后，反而成为本土贵族戒备和盘剥的对象。这些嗢末人仍在多康地区（主要是今青海西南部、西藏东部、四川西部）再度起兵。由于当时的吐蕃已经土崩瓦解，各地的吐蕃贵族如同一盘散沙，在以老兵为核心、军事化程度很高的吐蕃嗢末打击下，吐蕃本土的绝大部分统治阶层要么被杀，要么加入起义军行列，剩余则跑到了偏远地区苟延残喘，这便是持续九年的吐蕃平民奴隶大暴动。藏区各地出现了大量割据的独立政权，他们甚至瓜分了历代吐蕃赞普陵墓的"发掘权"。青藏高原进入了长期的割据时代，吐蕃赞普的直系后裔反而只能在边远地区惨淡经营。

归义军势力迅速萎缩，嗢末部落一部分南下把青藏高原搅得天翻地覆，另一部分在凉州逐步衰落。与此同时，另外两个区域的主要势力登上了河陇地区的舞台：来自凉州南部的吐蕃人和来自蒙古高原的回鹘人。

吐蕃系政权：六谷部和青唐政权

凉州的嗢末政权控制着以凉州为核心的区域，掌握了陆路贸易枢纽带来的收益。但他们的力量并不足以长期统治这里，取代他们统治凉州的，是凉州南边祁连山麓河谷地带的势力，这一势力由吐蕃部落以及被他们征服后同化的吐谷浑人、羌人等当地部落构成，很可能也曾是诸多嗢末部落之一。凉州南部祁连山麓有一大片水草丰美的牧场地带，盛产优质战马。这里有六条河流流出，分别为：古浪河（古称洪源谷）、黄羊河、杂木河、金塔河（古称阳晖谷）、西营河、东大河，这些部落也被称为"吐蕃六谷部"。

在朱温篡位前夕，时任灵武节度使韩逊曾上奏朝廷，声称有吐蕃7000余骑在一个叫"宗高谷"的地方扎营，"将击嗢末及取凉州"。我们已无法确定这个宗高谷的位置，但一次能聚集7000骑兵的凉州周边势力，很可能是位于凉州南部的吐蕃六谷部前身。此次战争的具体过程未知，但在几年后的朱温时代，凉州地区所派的使节在史书中已被称为"吐蕃嗢末首领"，说明吐蕃族群重新获得了凉州嗢末这个民族熔炉的支配权。到北宋初年，"嗢末"字样彻底消失，此时的凉州政权直接被称为"六谷部"。

从"六谷部"这样的称呼看，此时的凉州政权尚处于部落联盟状态，虽然比起民族成分混杂、军政合一的嗢末政权略强，但在新兴的党项人面前就明显落了下风。六谷部曾用诈降计杀死当时的党项首领李继迁，并与继任的党项首领李德明一度打得相持不下，但随着反党项盟友"甘州回鹘"的背刺，六谷部终于支撑不住，放弃凉州地区向南溃逃到青海境内的河湟地区。背刺盟友的"甘州回鹘"也没能守住刚获得的凉州地区，凉州很快被李德明之子李元昊占领。随着六谷部的崩溃，整个河陇、河湟地区的吐蕃部落暂时失去主心骨，有被西夏军队逐步蚕食的危险。就在这时，一位名叫唃（gū）厮啰的人物登上了历史舞台。

唃厮啰本名欺南凌温，是吐蕃赞普的直系后裔。唃厮啰出生时统一的吐蕃政权已崩溃上百年，吐蕃赞普后裔仅在偏远地区保留了一些小政权，而他便出生在西藏西部的阿里地区。李德明与六谷部恶战，整个河陇地区吐蕃势力岌岌可危。一位名叫何郎业贤的党项人把 12 岁的唃厮啰带到河州一带，很快得到当地人的拥立。

唃厮啰名义上是赞普，实际上却是河湟地区的吐蕃贵族用来提高威望、对抗李德明、李元昊父子的旗帜，像傀儡一样相继被河湟大贵族李立遵、温逋（bū）奇供了起来，却没有多少实权。唃厮啰 35 岁时仍没能获得实权，反而一度被权臣温逋奇囚禁在"枯井"中面临绝境。好在负责看守的卫兵是唃厮啰的同情者，将其放出。唃厮啰逃到联姻的老丈人处，依靠其妻子家的势力获得了大批吐蕃部落的投效。最终，唃厮啰定都青唐城（今青海西宁市），建立了属于自己的稳固政权。

前半生寄人篱下的唃厮啰很快拥有了好运气。党项人的新领袖李元昊扫荡了占据甘州、凉州等地的回鹘政权，大量河陇地区的吐蕃部落和回鹘部落被迫逃亡。拥有"佛子"名号和赞普后裔身份的唃厮啰成为他们主要的投靠对象，10 万以上的原吐蕃六谷部部众和数万回鹘部众相继加入唃厮啰政权。

李元昊自然无法容忍这个政权的存在，派大将苏奴儿率领2.5 万精兵试图击灭立足未稳的唃厮啰。但首次亲领大军的唃厮啰证明了自己的实力，几乎全歼并生擒主将苏奴儿。李元昊亲领大军来攻，占领了青唐以北的战略要地牦牛城并屠城，随后进围青唐城。在付出惨重伤亡后，依托坚城消耗李元昊大军的唃厮啰选择出城决战，最终大败李元昊主力，史载"元昊溃而归，士视帜渡，溺死十八九，所虏获甚众"。

凭借这次胜利，唃厮啰的吐蕃政权获得了河湟地区更多吐蕃部落的归附，并成为李元昊始终无法战胜的强敌。李元昊建立西夏后，唃厮啰政权多次挫败西夏军，"数以奇计破元昊，元昊遂不敢窥其境"。由于宋与西夏的敌对关系，北宋政权对西夏的边境贸易政策中限制颇多，因此转而积极与唃厮啰政权进行贸易，并通过青唐的吐蕃政权向西部进行对外贸易，青唐政权也饱受其利。

唃厮啰当了近三十年傀儡，又以实权统治者身份统治了三十多年。在唃厮啰统治期间，青海等地的吐蕃部落在他的领导下，不但建立了稳固而安定的秩序，对外力拒西夏，还通过与宋的贸易受益颇多。

唃厮啰死后，青唐的吐蕃政权分裂并游离于宋、西夏、金等政权之间，唃厮啰的后人们也将继续活跃数百年。

"甘州回鹘"与"沙州回鹘"

吐蕃末代赞普朗达玛遇刺、吐蕃全面崩溃的前两年，黠戛斯人攻破了回鹘汗廷，回鹘汗国崩溃。一部分回鹘部众南下入侵唐廷控制下的河套地区，被唐军击败后大部投降并被收编，而其余的回鹘部众则开始西迁。由于回鹘和吐蕃崩溃时间接近，吐蕃没能像消化吐谷浑人或河陇地区唐民那样有效同化这些新来的回鹘部众，他们在吐蕃崩溃后纷纷建立起自己的势力。

早在张议潮时代，就有一部分打着归义军旗号的反吐蕃势力控制了伊州（哈密）一带，随后在回鹘贵族仆固俊统率下继续向西，一路攻占了西州（吐鲁番）、北庭（吉木萨尔）、安西（库车），名义上恢复了盛唐时代西域的主要据点。仆固俊在唐朝支持下建立了高昌回鹘政权（又称西州回鹘），后来反过来控制了归义军遥领的伊州。还有一部分回鹘部落甚至到达葱岭以西、巴尔喀什湖以东及以南的广大区域，后来建立了喀喇汗王朝。这些回鹘人位置相对偏远，安定下来后很少直接参与河陇地区的争夺。而早期迁徙到河西地区的回鹘人，则很快成为区域内最主要的势力之一。

归义军政权建立初期，就和河西地区的回鹘人既有合作又有竞争。后来，河西走廊的回鹘人以甘州为基地，建立起甘州回鹘政权，成为归义军的主要竞争者。肃州的龙族人（焉耆遗民）也独立建国了，再加上凉州嗢末、六谷部等，可谓一盘散沙。回鹘人毕竟曾与大唐、吐蕃三足鼎立，现在仍能从草原世界得到源源不断的补充，一度迫使归义军政权称臣并认甘州回鹘可汗为父。到后来，归义军推举沙州本地豪强曹氏取代张氏政权，曹议金时代一度击败了甘州回鹘，反过来让回鹘可汗认他为父。但双方整体还是维持了平衡。

　　但此时归义军内部的人口结构也正在发生变化。我们之前说过，由于耕地限制等因素，沙州（敦煌）在盛唐时代也只能维持约 3 万人口，连续战乱后，沙州的人口更是只有 2 万人左右。游牧经济占据上风的河西走廊自然会有新的部落持续涌入。当初，唐朝安西都护府（龟兹）一带军队被抽走平定安史之乱，当地守将不得不联合回鹘人对抗入侵的吐蕃人，吐蕃人后来把他们迁徙到自己控制下的祁连山地区。再后来，归义军被甘州回鹘击败后，甘州回鹘为了削弱老对手，支持这部分来自龟兹的回鹘部落进入归义军核心之地的沙州、瓜州放牧。这部分回鹘部落便是沙州回鹘。

　　随着越来越多的回鹘部落进入沙州地区，"沙州蕃族"登上历史舞台。归义军政权要想对抗甘州回鹘、六谷部等强大势力，光靠自己有限的汉族人口远远不够，不得不依靠沙州回鹘的力量。沙州回鹘除了提供兵源，还依靠自己的民族属性帮助归义军政权对外交往和通使。久而久之，归义军政权也开始回鹘化，如敦煌学研究专家李正宇在《悄然湮没的王国——沙州回鹘国》一文中，根据出土敦煌文书的内容，将当时的归义军节度使曹延禄视为"沙州蕃族首领"，已经与回鹘人无异。

　　归根结底，沙州、瓜州一带的汉族人口太少，耕地也无法支撑起一个强大的割据农耕政权，在没有中原王朝直接"输血"的前提下，必然会在回鹘部落的"海洋"中被反向同化。

到后来，沙州回鹘从内部控制了归义军政权，末代归义军节度使曹贤顺被回鹘人所杀。曹贤顺之弟曹贤惠则带领一千骑兵投降了李元昊之父李德明。

李元昊建立西夏政权后，大举攻掠河西地界，很快席卷瓜州、沙州、肃州等地，但由于西夏在对宋和青唐唃厮啰政权的战争中消耗巨大，沙州回鹘一度重获独立，并持续遣使到宋。从莫高窟、榆林窟等地的考古成果看，沙州回鹘政权至少又独立存在三十年。直到公元 1071 年，才有石窟采用了西夏纪年的题记。整个河西地区的回鹘势力，最终被宋、西夏、吐蕃唃厮啰政权瓜分。一部分不愿意臣服任何外族的回鹘人，则向西南方向退到今天青海西部地区，是今天裕固族的祖先。

孤忠
归义军

汉土民皆没为虏
河西陷蕃与张议潮家族

……我闻天宝十年前，凉州未作西戎窟。麻衣右衽皆汉民，不省胡尘暂蓬勃。太平之末狂胡乱，犬豕崩腾恣唐突。玄宗未到万里桥，东洛西京一时没。汉土民皆没为虏，饮恨吞声空喔咽。时看汉月望汉天，怨气冲星成彗孛……

——刘景复《梦为吴泰伯作胜儿歌》

去汉就蕃

趁着"安史之乱"后唐廷虚弱，吐蕃如愿以偿占领了河陇广大地区。结果，这一地区的行政区划设置，在吐蕃占领时期表现出了明显的"去汉就蕃"现象。

原本，唐朝在地方的行政区划是道（府）、州、县三级，县治下设有乡和里。例如地处河西极西端的敦煌，属唐沙州都督府，是县一级的行政单位，下辖十三个乡。而在吐蕃占领河陇地区后，这套行政区划被全盘废除，取而代之的是吐蕃从本土移植而来的"部落""将领"体系。吐蕃本部部落制中，千户（部落）是最基础的单位，千户之下设有小千户，小千户有五百户，置小千户长一人；小千户之下设有百户，一百户为一"将"，百户长称"勒曲堪"，汉文记载为"将头"；另设小百户主，称为"格儿"。吐蕃占领河陇地区之后，就将河陇地区居民编入相应的部落。譬如在敦煌就废除十三个乡，而设置了行人、丝绵、上、下、撩笼、中元等部落。这些部落不是同时设置的，有些部落后来被取缔或合并，就如上、下两个部落，就是从行人部落分立出来的。

在这些部落之上，吐蕃又设置了"节度使"。《旧唐书·韦皋传》记载："赞普遣论莽热以内大相兼东境五道节度兵马都群牧大使，率杂虏十万而来解维州之围。"吐蕃在新占领的河陇地区设置了五个节度使，即青海节度使、鄯州节度使、河州节度使、凉州节度使和瓜州节度使。其中瓜州节度使大致管辖原唐朝的肃州、瓜州、沙州、伊州和西州；凉州节度使管辖河西走廊东段；河州节度使管辖今甘肃东南一带；鄯州节度使管辖今青海东部；青海节度使管辖今青海湖附近地区。另外白居易在给吐蕃宰相的《与吐蕃宰相尚绮心儿等书》中写道："彼有要事，即令使来；此有要事，亦令使往。若封境之上，小小事意，但令边头节度，两处计会商量：则劳费之间，彼此省便。"这就说明吐蕃的节度使还负责处理辖境内的唐与吐蕃的边境事务。

另外，吐蕃占领者还迫使河西地区人民说蕃语、辫发、赭面、纹身、左衽而服。除了制度上的改造，吐蕃也将本土的奴隶制移植到了新占领的河陇地区。大量汉族人民沦为吐蕃奴隶主统治下的奴隶。沈下贤在《对贤良方正直言极谏策》中就这样记载："自瀚海以东，神鸟、炖煌、张掖、酒泉，东至于金城、会宁……唐人子孙，生为戎奴婢，田牧种作，或聚居城落之间，或散处野泽之中。"

吐蕃这个奴隶制政权，对于奴隶的统治是非常残酷的。根据《新唐书·吐蕃传》的记载，奴隶主对于奴隶可以随着自己的心情任意动用各种酷刑，奴隶犯了小罪，就会被挖掉眼睛或割去鼻子，或者是被皮鞭抽打，或者是被关在好几丈深的地牢中。"砍头、剜眼、剥皮……诸刑皆备"，奴隶主对奴隶进行了惨无人道的迫害。赵璘所写的《因话录》也说，陷蕃汉人还有的被"令穴肩骨，贯以皮索，以马数百蹄配之"，被强迫进行奴隶劳动。

这种残暴行径的结果就是吐蕃统治初期，河西地区民族关系变得十分紧张。贞元十二年（公元796年）七月十一日四更，敦煌玉关驿户氾国忠等人突然冲入沙州城内，杀掉了几个吐蕃官员。由于事发仓促，沙州守官无从调兵，打算武装城内百姓也办不到——吐蕃人将包括农具在内的铁器都收缴了，这堪称是"作茧自缚"。等到变乱平息，起事者被俘时，又有好几位吐蕃官员纵火烧掉屋舍，伏剑自杀，而后投身火中，化为灰烬。而起义者的供词中明确说，此次起义是由玉关驿将苛刻驿户引起的，起义者的目的就是杀蕃官蕃将，再无其他。

这次起义影响很大，《吐蕃占领时期沙州守官某请求出家状等稿四十多件》文书都有记载。可见，在吐蕃占领初期，吐蕃当局和汉人之间的矛盾十分尖锐，而且这种矛盾主要是由吐蕃占领者奉行的政策及其政策的执行者造成的。

在无情的事实面前，吐蕃征服者不能不认识到，强硬而粗暴的统治手段是不能缓解矛盾的。面对汉人在河西地区数量众多的现实，吐蕃当局不得不改变策略，由单纯的镇压转向与当地的汉族上层人士进行合作，以巩固自己的统治。

河西大族

这些汉族上层人士里，有一些原本是在河西任职的唐朝官员。譬如《敦煌遗书》p.3481 号汉文卷子背录文中就有"大蕃部落使河西节度太原阎公"的记载。这位"阎公"，正是缢杀沙州刺史周鼎后坚守沙州十年，最后才与吐蕃约定"毋徙佗

（他）境"而投降的阎朝。他投降后，被吐蕃任命为"大蕃部落使河西节度使"。另外在上文所说的敦煌玉关驿户起义中，最后了结事变的"沙州守官"原本是一位唐朝官员，他的家并不在敦煌，很可能是在中原内地。因为吐蕃攻陷沙州，所以他也就随着沙州一同沦陷在了陷地。玉关驿户起义虽然很快就被他镇压了下去，但毕竟死了很多吐蕃官员，为了避免吐蕃赞普对敦煌百姓进行报复，这位"沙州某官"恭维赞普是"复法的太阳"，一再强调赞普与敦煌百姓有着共同的信仰（佛教），并主动将沙州所藏的释迦舍利子供奉给赞普，以此乞求赞普赦免敦煌百姓的罪过。他还谈到了已将起义领袖处死，并将剩余的起义者送往瓜州服刑。正是因为他的努力，吐蕃人终于原谅了敦煌百姓，没有以屠杀的方式进行报复，而是又给敦煌派了一位新官员。从这件事情看，这位没有留下姓名的汉人"沙州某官"算是一位好官。

另一些人，则是河西当地的世家大族。西汉以后，一些中原家族在拓边、边战、避祸中徙居敦煌等河陇地区，并在此生息繁衍。到魏晋时期，这些家族都已经发展为当地的世家。以敦煌为例，就有阴、索、曹、张、李、氾等大族。而这些世家大族中以敦煌阴氏家族为典型。阴氏为"武威郡贵门之胜族也"，后迁至敦煌，家族趋于旺盛，在初唐时，成为敦煌豪族。阴瑗嗣为唐朝正议大夫检校豆卢军事兼长行坊转运支度等使，赐紫金鱼袋、上柱国、开国侯；其祖父阴庭诫为唐朝右骁骑守高平府左果毅都尉，赐紫金鱼袋、前沙州乡贡明经；其父阴伯伦则是唐朝游击将军丹州长松府左果毅都尉，赐绯袋、上柱国、开国男。阴家子孙三代都是唐朝官员。

阴伯伦所处的时代，正值吐蕃大举东进，攻取河西之时。在艰难抵抗、粮尽援绝的情况下，沙州不得不与吐蕃人歃血为盟，全城投降。阴氏在无奈之下，"熊罴爱子，拆襁褓以文身；鸳鸯夫妻，解鬟钿而辫发"。吐蕃人为了巩固统治，也很注意利用阴氏这样的敦煌大族。敦煌抄本《大番故敦煌郡莫高窟阴处士公修功德记》记载，"自赞普启关之后，左衽迁阶；及宰辅给印之初，垂祛补职"。于是，阴伯伦很快被吐蕃人任命为前沙州道门亲表部落大使。其弟阴嘉义为"大番瓜州节度行军先锋部落上二将"，另一个弟弟阴嘉珍这担任"大番瓜州节度行军并沙州三部落仓曹及支计等使"。阴氏家族与吐蕃人的合作帮助了吐蕃人治理敦煌，也使自家在敦煌的地位得以保全，"承基振豫，代及安全"。

索氏家族也是类似的情况。索奉珍为唐左金吾卫会州黄石府折冲都尉。"安史之乱"后，"吐蕃乘危，敢犯边境"。索奉珍正逢此时，于是发誓捍卫大唐疆土，"铁石之志不移"。敦煌文书《沙州释门索法律窟铭》记载，索奉珍曾经"全孤垒于三危，解重围于百战"，积极抵御吐蕃对敦煌的进攻。到了其子索定国之时，吐蕃占领沙州，经此国家大变，索定国"悟世荣之不坚，了浮生而走电"，投入空门，不问世事。但索家仍然有人出仕吐蕃，甚至"权职蕃时，升荣曩（nǎng，从前）日"，可以说是也十分得势。

从这些例子不难看出，吐蕃统治者在统治河陇地区时，对河陇世家大族大多通过授予其家族成员官职的方式加以笼络；对他们的家族，则免其赋役，使他们认为即使是在异族的统治下，自己仍旧可以过着和过去一样的优裕生活。这就造成了两个结果：其一，在熟悉本地情形的汉官的帮助下，吐蕃对河西地区的统治秩序逐渐趋于稳定；其二，河西地区的汉族世家大族也因此保留了元气，为日后张议潮起兵驱逐吐蕃的统治埋下了伏笔。

议潮身世

提到张议潮，他出生时（公元 799 年），吐蕃统治敦煌已14 年，他的大半个人生也是在吐蕃统治下度过的。关于他的身世，新、旧唐书皆无记载，《册府元龟》卷 980 "外臣部·通好"条则有"沙州陷蕃后，有张氏世为州将"的记载。这里提到的"张氏"是否与张议潮有关也并没有十分明确的答案。不过，既然《新唐书·吐蕃传》说"沙州首领张义潮奉瓜、沙、伊、肃、甘等十一州地图以献"，张议潮是沙州当地的一个汉人地方首领应当是确凿无疑的。

与河西的其他汉人大族一样，张议潮家族也是吐蕃征服者笼络的对象。张议潮的父亲张谦逸的一生都生活在吐蕃时期。《敕河西节度兵部尚书张公德政之碑》记载，"河洛沸腾，……并南蕃之化……赐部落之名，占行军之额。由是形遵辫发，体美织皮，左衽束身，垂胘跪膝。祖宗衔怨，含恨百年，未遇高风，申屈无路。"从碑文可以看出，张谦逸曾任职于吐蕃当局，"赐部落之名，占行军之额"说明，他在吐蕃时期曾担任部落使。后来，张谦逸荣升吐蕃沙州大都督之职。大都督是吐蕃统治下其他民族所能担任的最高官职，相当于唐朝的沙州刺史。这位张大都督曾得到吐蕃朝廷的召见，千里迢迢前往逻些（今拉萨）。可惜因为高原反应或是水土不服的关系，张谦逸病死在了召见的路上，而张议潮返回了敦煌。依照吐蕃任官的传统，张议潮可能继承了他父亲的职位，成为沙州大都督。

作为吐蕃的官员，张议潮的成长轨迹不能不受到家庭和社会环境的影响。吐蕃崇信佛教，除了派遣官吏统治沙州并重用当地的世族豪绅外，也派遣大德僧人前往管治沙州的僧民。在教育方面，吐蕃当局取缔了原有的官私学校，由寺院承担传播文化知识的职能。吐蕃当局还大力剃度僧尼，广建寺庙，大凿佛窟，使河西一带的佛教势力得到了很大的发展。张谦逸就是一位虔诚的佛教徒。现存的敦煌文书里就有这方面的证据。譬如《大乘无量寿经》背题："张谦逸书。"《般若心经》则尾题："弟子张谦□（逸）为亡姚皇甫氏写观音经一卷、多心经一卷。"

而张议潮从小在敦煌的寺学读书，兼通藏、汉文，也成为一名虔诚的佛教徒。敦煌文书《无名歌》末题"未年三月廿五日学生张议潮写"，未年指乙未年，即公元815年，那年张议潮17岁，在寺学读书。

在这首《无名歌》里，人们可以窥见年少的张议潮的一些思想："天下沸腾积年岁，米到千钱人失计。附郭种得二顷田，磨折不充十一税。……舞女庭前厌酒肉，不知百姓饿眠宿。君不见城外空墙框，将军只是栽花竹。君看城外恓惶处，段段芊花如柳絮。海燕衔泥欲作巢，空堂无人却飞去。""十一税"是吐蕃统治时期才有的税制，显然这首《无名歌》描绘的是吐蕃占领下的沙州民不聊生的景象。物价高涨，米卖到"千钱"的高价，二顷田地收的粮食尚不能交上奴隶主的高额税收。一方面，奴隶主们整天喝酒吃肉，观看舞女在庭前跳舞；另一方面，老百姓漂泊在外，在饥饿中倒下。作为吐蕃统治的亲历者，张议潮本人有感于当时民不聊生、百业凋敝的景象，深深同情百姓疾苦，青少年时就有了改变现实的志愿。《张淮深碑》记载，张议潮"论兵讲剑，蕴习武经。得孙吴（武）、白起之精见，韬钤之骨髓"。在以后的岁月里，张议潮一直耐心等待着改变现实的机会。

　　幸好，历史终于给了他一个时机。唐武宗会昌元年（公元841年），吐蕃佞佛的赤祖德赞被杀，其"嗜酒喜肉，凶悖少恩"又反佛的四哥朗达玛继位。朗达玛大肆反佛，连文成公主都人被宣称为"罗刹"（恶魔之意）。这就造成了吐蕃统治集团内部的分裂与争斗。朗达玛一死，吐蕃内乱爆发，张议潮"知吐蕃之运尽。誓心归国，决意无疑"，下定决心，以武力推翻吐蕃统治，于是"阴结豪杰，谋自拔归唐"！

皇帝犹念陷吐蕃生灵否？
张议潮光复河西千里失地

开成年间（公元 836—840 年），唐廷曾派遣使者远赴西域，途经河西走廊时见到甘、凉、瓜、沙等州城邑如故。唐使在河西转了一圈，将一路见闻带回长安，记录进史书里。

尤令唐使动容的是这样一句疾呼："皇帝犹念陷吐蕃生灵否？"

问这话的，是安史之乱后陷落在河西的百姓。他们远远见到唐朝使者所持的旌节，以一传百，老老少少呼朋引伴而来，拥着使者的车驾，夹道迎泣。面对百姓们的恳切问询，唐使怔怔无语。

他无法告知失落之地的百姓，大唐的天兵何时才能重归河西，解救众生于水火之中。

甘露之变

派遣这次巡边任务的，是大唐第十五位皇帝——唐文宗李昂。李昂是个励精图治的皇帝，不近女色，颇为勤政，常常宵衣旰（gàn）食，博通群籍。（《杜阳杂编》记载，唐文宗曾说："若不甲夜视事，乙夜观书，何以为人君耶？"）刚刚登基，就遣散了宫女三千多人，释放了五坊鹰犬，裁撤了一千二百多人，可谓大刀阔斧，政号清明，就为了能在他的任上恢复大唐当年威加海内的风采。

为了尽快改变宦官干政的局面，李昂发动了甘露之变，想要一举铲除从唐德宗之后就掌管禁军（神策军）的宦官势力。等肃清朝野、巩固王权之后，说不定能逐渐收复失土，让河西百姓知道，"皇帝犹念陷吐蕃生灵"。

可惜举事之时，李昂看走了眼，选错了人。

当时朝堂之上，是史称"挟帝有术"的宦官仇士良擅权，李昂早就忍无可忍，于是找来宰相李训、凤翔节度使郑注密谋铲除宦官的办法。前期进行得很顺利，以他二人的谋划，唐文宗先是杖杀曾在中和殿害唐宪宗的宦官陈弘志，后又用计鸩杀了有拥立之功但也弄权怙（hù）宠的宦官王守澄。只差最后一个环节，铲除仇士良。可就在这时，李训和郑注开始挟私争功，上演了一出荒唐的闹剧。

按照原计划，唐文宗下令神策军护军中尉以下所有宦官到河渭旁为王守澄扶灵送葬，此时郑注关闭墓门，带领护卫葬礼的亲兵乘势剪除阉党。这个计划很完美，可惜还没实施就夭折了。因为宰相李训一看，计划如此稳妥还得了，事成之后郑注不得独揽功劳，且根据他的谋划，是要在剪除宦官之后也除掉郑注的。

于是李训急中生智，决定提前采取行动，上演一出未经排练的现场话剧。

大和九年（公元835年）十一月，左金吾卫大将军韩约上紫宸殿上报，说左金吾衙门后院的石榴树上，有甘露降临，是个祥兆。李训等人立马道贺，请文宗前去观看甘露，以承祥兆。唐文宗随即派遣李训和众官员先往察看，等回来后，李训上报说："臣与众人验看了，恐怕不是真的甘露，要不要再去看看？如果仓促宣布，恐怕天下都会来称贺。"

唐文宗表示惊讶道："天下还有这样的事？"（"岂有是邪！"）连忙下令让神策军护军中尉仇士良率领诸位宦官再次前往左金吾后院察看。宦官大队刚走，李训急忙召集郭行余和王璠"来受敕旨"，铲除阉党。

王璠吓得腿软，只郭行余一人接了旨。与此同时，几百士卒拿着武器站在丹凤门外待命。李训命他们先行埋伏，等候诏令。结果却出乎意料，只有郭行余率领的河东兵来了，王璠率领的邠宁兵没有来。至此，这场话剧砸了一半。

另一边，仇士良等宦官在后院仰视甘露，判断其真假，左金吾卫大将军韩约在旁边紧张得脸上变色，大汗淋漓。其状恰如随荆轲刺秦时的秦舞阳。仇士良奇怪道："将军为什么这样？"没等韩约说话，一阵风把帷帐吹开了，在帐后埋伏的刀斧手就这样堂而皇之地暴露了出来，还让仇士良等宦官听到了兵器碰撞的声音，对于事以密成的讨逆活动来说，基于这样"周密"的部署，话剧砸了百分之八十。

仇士良等人转头就跑，如果趁机关门打狗，还是能将阉党一网打尽的。可在仇士良等人逃跑时，士兵要关门，门却"关不得上"。逃出来的宦官奔至大殿，将唐文宗一把塞进轿子里抬上就跑。李训大声疾呼着追上来，被宦官一拳打倒，等他翻身起来，皇帝已被抬入后宫。李训眼见大势已去，换了从人的衣服，夺马出京，一路大叫"我犯了什么罪要被贬谪"（"我何罪而窜谪"）。至此，这场未经排练的话剧彻底夭折。

宦官既出，百官震颤，仇士良反身关闭了宫门，命令神策禁军千人，一路从紫宸殿逢人就杀，剽掠京城。这次事变将一众朝廷命官屠戮过半，李训、郑注等人，横遭覆族之祸，受株连被杀的有一千多人。

甘露之变影响深远，唐廷的军政大权进一步沦入宦官之手，宦官"迫胁天子，下视宰相，陵暴朝士如草芥"，唐朝彻底陷入内外交困的局面，外患有节度使与吐蕃诸国，内患有党争与宦官专权。此后的历任皇帝，都摆脱不了宦官的掣肘，多自顾不暇，对于西部边事更是鞭长莫及。

文宗受制于家奴，甘露之变后五年就郁郁而终，那一支派到河西的使者，除了远远观望到河西百姓沦落于吐蕃的惨状，什么也没有带过去。

河西人民只能靠自己了。

缚戎人，少年随父戍安西

开成年间，唐使见到的河西百姓，虽然语言表述已经不准确，但是衣服却还有没改变的。

不过随着吐蕃对河西的控制逐渐深入，统治方针开始触及文化及民俗层面。"粗有文艺者，则涅其右臂，以候赞普之用。"对普通百姓，则强制推行同化政策，改变唐人的衣冠为胡服，强迫百姓辫发（剃发易服）、更改母语为蕃语，并赭（zhě）面文身。

诗人元稹有一首《和李校书新题乐府十二首·缚戎人》记载了这样一件荒诞的事：边关大将差遣健卒巡行抓捕，见到赭面（脸上有文身）的人即刻捉来，结果发现捉来的人中，竟有一半汉人。随即大将奏报凯旋，朝廷施恩不杀缴械之人，而是运徙他们至吴越作为惩罚。然而，押解犯人的士兵们却是万里虚劳、空费饮食，他们头上包裹着羊毛保暖，睡在腥臊肮脏的环境里，不时听到狗在黑暗中狂吠，斑鸠凄厉地鸣叫。犯人中有个会说汉语的，说起了自己的生平，自言他家本是住在长城窟的唐人，当年跟随父亲戍边安西，眼看着瓜、沙之地沦陷（"少年随父戍安西，河渭瓜沙眼看没"）。天宝年间安史之乱之后，中原的麻烦来了，边境也处于危险之中。敌人骑着野蛮的战马，士兵膘肥体壮。主将怯惧而走，夜里抛弃了大唐的旗帜，留下鹅雁的哀鸣和号哭的妻儿。罹难的百姓不敢在阴森的寺庙中避难，也不敢在脆弱的冰河上行走。只能共同潜藏在茂密的荆棘中，被敌人包围。早上，敌人四处奔驰，古墓和深林尽被摧毁。身强力壮的人被俘虏，头发被剃掉，老年人则被留在原地砍掉手足，少壮为俘头被髡（kūn），老翁留居足多刖（yuè）。景象十分残酷，到处都是鸟兽残骨、狼藉的尸体，残垣断壁耸立在贫瘠的土地上。自此之后五六十年，边境再无中原王朝的消息，盟会也已瓦解。那些仍记得大唐故土的人要么已经老了，要么已经死了。他们教儿孙学习家乡的语言，讲述大唐的壮美城阙。但年轻人生长蕃中，不知道自己的祖先是汉人。十万之众的士卒陈兵边境，为什么不一起发动进攻收复失地呢？每年就抓两三个人做做样子，就像精卫衔着芦苇填塞沧海一样荒唐（"年年但捉两三人，精卫衔芦塞溟渤"）。

这首充满讽刺意味的诗，辞浅意哀，以一个俘虏的口述，道尽河西陷落之苦和晚唐朝廷之悲。

从后人视角看，文化入侵是最致命的，能让子恨父、臣戮其君，后人忘其国。在这种情况下，张议潮能抵御吐蕃的同化，在中原王朝音信全无，甚至不知道唐朝年号的情况下坚持誓心归国的信念五十载，实在称得上"志节慷慨"。当然，这也跟他"世代为沙州州将"的家族脱不开关系。其父张谦逸与《缚戎人》中记载的那些陷落吐蕃的老人一样，身上虽着胡服，心中却对大唐无日或忘，"左衽束身，垂肱跪膝，祖宗衔怨"，含恨百年。张谦逸对张议潮的家国教育，对其日后的起义以及归义军以忠义为核心的道德秩序的构建影响深远。

年幼的张议潮以大唐安西四镇节度使封常清为偶像，始终坚信，终有一日，王师会旌旗招展，自东而来。

唐宣宗大中二年（公元848年），49岁的张议潮在吐蕃王朝新一轮洗牌时，不再等待天命与王师，在沙州（敦煌）毅然扛起了起义的大旗。

多年以来，张议潮与他结交的豪杰都在等待这一刻。他们披坚执锐掀翻了府衙，于沙州城中斩将夺旗，往来驰走与吐蕃军激战，城中百姓云集响应。吐蕃军自贞元二年（公元786年）正式攻陷沙州以来，奴役了唐人半个多世纪，没想到他们的子孙还敢反抗，因此在惊愕中纷纷败走，退出沙州。（《新唐书》载："议潮乘隙率众擐甲譟州门，汉人皆助之，虏守者惊走，遂定沙州。"）

张议潮初定沙州后，吐蕃军旋踵而至，将沙州团团围困。此时面临固守与进击两条路线。蕃兵势大，数十年在河西的势力根深蒂固，固守无疑比较稳妥，张议潮势小，依靠的基本是亲族豪杰，又兼河湟飞地幅员辽阔，形势复杂。这时有一步行差踏错，必将引来万劫不复的局面。

张议潮想起数十年前阎朝将军喋血沙州的壮烈，当年在杀了想要焚城东奔的沙州守将周鼎后，他力主坚守，困于孤城十一年（续守八年），以致"粮械皆竭"，无以为继。最终为了保护百姓，不得已向吐蕃谈判请降，条件是，不要将沙州的军民流徙至其他地方。投降之后的阎朝被吐蕃在靴子中投毒而致身亡，沙州百姓则惨遭非人的奴役，动辄被断手凿目，弃之道旁，但在阎朝的斡旋下，唐人得以留在沙州，为张议潮的起义留下了火种。

因此，固守从长远看并非良策，张议潮决定趁着士气正盛之时主动出击，硬撼这支崛起于高原的政权。

"俱怀合辙之欢，引阵云而野战"是这支新生起义军无畏的勇气。"启武侯之八阵，纵烧牛之策"是张议潮应对城围的良方。《史记·田单列传》中记载"烧牛之策"（火牛阵）这一奇谋。战国时期，燕军攻破齐国，齐大将田单为了破敌，收城中千来头牛，给牛穿上深红色绸衣，画上五彩龙文，牛角上绑定锋利的尖刀，牛尾上束了灌了油脂的芦苇，然后在城墙上凿开十几个洞，点燃牛尾上的芦苇，纵牛践踏敌军，牛尾炬火炫燿，身上满是龙文，燕军所触尽死伤，于是解了齐国之围。太史公评价："兵以正合，以奇胜。善之者，出奇无穷。"

由于史料的缺失，已无法判断碑文所载张议潮抗击吐蕃的计策是史实还是文学演绎，但通过只鳞片甲的描述，后人还是能从那段历史中窥一斑而知全豹。

在破了吐蕃对沙州合围后，张议潮趁势收复晋昌和瓜州，即刻派遣高进达等人绕远路驰表赴京，一来报捷，二来请节，三来也有求援之意。

起义军士气大振，一条裂隙自沙州迅速蔓延开来，河西大地开始震动。

百年左衽，复为冠裳

张议潮制订了详细的收复计划，一路向东打通河西连接唐土肯定是他的主线任务，这就需要以敦煌为根据地，且耕且战。

根据他年过半百未见一个唐兵的待援经历，指望一两次报捷就能见到"天兵"西来，显然也不现实，于是他做好了打持久战的准备。

要打好这场持久战而非几场战役，需要节度使具备统御一方的才能，而非仅仅依靠将军上阵杀敌的智勇，必须从经济、政治、军事等方方面面做好支援工作，如固防、囤粮、团结各族、保证后勤等。

政治上，张议潮先是摄沙州州事，废除吐蕃残暴的奴隶制，恢复唐制，重新登记人口、土地，编制户籍；经济上，兴修水利，恢复田耕，以往毁于战乱的焦土再成良田；军事上，复缮甲兵，组建的军队囊括各民族；文化上，张议潮吸取了多年来所见吐蕃残暴压制各民族导致失道寡助的经验，以恢复汉唐文化为主导，积极和睦诸族，兼收并蓄，力主改变河西信义分崩、礼乐道废的情况；宗教上，废除吐蕃僧官制，重信仰，兴佛教，尊河西洪辩高僧为都僧统，洪辩"远怀故国，愿被皇风"，大力感召河西教众与百姓，回归故土的热望腾起于河西的街衢（qú）巷末。

巩固了瓜、沙二州后，张议潮紧锣密鼓归拢队伍，开始新一轮收复计划。他的核心团队来自三方面，一是敦煌的望族，如张议潮妻子索氏所在的家族。望族有一定的财力，可担负前期起事的成本。二是洪辩等一行高僧，讲经说法，广收徒众，以宗教的方式协助张议潮，其弟子悟真等随侍军府左右，既当参军，又作为第二批使者不远万里入京报捷，九死一生为归义军的设置奠定了基础。三是各族豪杰义士，这些人能文能武，仗义疏财，在本族中有一定的影响力，或有一定的官职，如安景旻（mín）（沙州副都督）、阎英达（沙州副千户长），起义之时能挺身而出。

吐蕃方面，欲自为赞普的论恐热打败了尚婢婢，可谓风头正炽（chì）。在得知沙州起义的消息后震怒，趁着追击尚婢婢，亲自挥师而来，大掠鄯（青海西宁）、廓（今青海贵德南）等八州之地，所过之处，烧杀掳掠，槊贯婴儿。

论恐热是想以吐蕃的惯用手法，施加残暴的军事威压以震慑河西，让河湟之地的百姓不敢响应这支新生的起义军。但他小看了张议潮与河西百姓反抗暴政的决心。

不等论恐热的大军过来，张议潮便提师东进，一路势如破竹地收复了酒泉（肃州境内重镇）、张掖（甘州境内重镇），"攻城野战，不逾星岁"，接连克获肃、甘二州。

在接连的胜利中，善用兵法的张议潮瞅准了西部防线的空虚，忽然折身西北，收复沙州北边的重镇伊州，为沙州大本营拓展了纵深的防线。

新败的尚婢婢率众来降，为张议潮带来西、兰、鄯、河、岷、廓六州图籍，连同之前收复的五州图籍，由张议潮之兄张议潭即刻启程带往长安，这是数年来第三批赴京报捷的队伍了。远在长安的唐宣宗及众文武得到消息后"良增惊叹"，感慨"关西出将，岂虚也哉"，归义军的封号正式册立。张议潮获封归义军节度使、十一州观察使等职，其兄张议潭留在长安为朝廷人质。

面对河西接连不断失地复归的喜讯，唐廷的表现，除了口头封赏，再无其他实质的举措（收复三州七关之地在此之前）。《新唐书·地理志》中描述这段历史为："张议潮以瓜、沙、伊、肃、鄯、甘、河、西、兰、岷、廓十一州来归，而宣（宗）、懿（宗）德微，不暇疆理，惟名存有司而已。"

收复五州（沙、瓜、肃、甘、伊）之地的张议潮，率众立马河湟，专候论恐热吐蕃大军的到来。

这位以暴虐著称的"人屠"，本以为自己能一战勘定河西，在吐蕃的王权之争中以军功登上王位，没想却踢到了铁板。面对论恐热强大的攻势，张议潮所率归义军寸步不让，经过数番血战，将吐蕃大军逐一击退。

长久的拉锯战就此展开。根据敦煌出土的《张议潮变文》记载，只在大中十年至十一年一年之间，归义军就经历了三场大的战事。

屡次吃瘪的论恐热无以为继，只好退兵，后来甚至想要依附唐廷讨要节度使的职位，被唐廷拒绝。这是唐廷为张议潮和归义军做过的为数不多心理上的支持。

万里横戈，克复河湟

在收复河西千里失地的过程中，归义军面对的大患不只有吐蕃。

其时河陇之地的少数民族有党项、回纥、吐谷浑，包括本就是吐蕃奴部的嗢末，曾长久臣服于强大的吐蕃。这些部族素知吐蕃的残暴手段，对新生的归义军政权也并不信任，面对吐蕃大军，难免心生畏惧。论恐热来时，就煽动这些部落叛乱，策应吐蕃一同劫掠，以动摇归义军初定的根基。

首先是来自吐谷浑对沙州的袭扰。有一次探马星夜来报："吐浑王集诸川蕃人欲来侵凌抄掠。"张议潮亲自上阵，挥师而击。吐谷浑看到归义军阵势，不敢交战。张议潮知道，这是吐蕃的羽翼，务要剪除殆尽以震慑诸夷。于是效法霍去病故事，下令追袭，一路突进至吐谷浑境内一千余里，挑了吐谷浑王帐。一番决战，吐谷浑大败，吐谷浑王，登涉高山而逃。归义军活捉丞相三人，当场传首三军。此战俘虏三百余人，收驼、马、牛、羊二千余头。

回来时，张议潮命归义军威整兵甲，全军高唱唐军《大阵乐》，鼓噪而还。

其次是回鹘和吐蕃残部在伊州等地的作乱，其势力在失落百年的伊州等地流窜，趁着河西乱局频繁抄掠，没有一刻消停，一旦乱起，又是一发不可收拾。大中十年（公元856年）六月六日，张议潮腾出手来，再次亲率归义军从敦煌出发，急行千里前往剿灭，"贼等不虞汉兵忽到，都无准备之心"。归义军立马呈合围之势，四面急攻，立克乱军，接着"押背便追"，戡（kān）平了叛乱。

胜利回师的归义军仍旧"朝朝秣马，日日练兵，以备凶奴，不曾暂暇"。正是这样不曾暂暇的恭谨，才得以让张议潮和归义军这支平地而起的队伍，在没有唐军的帮助下，打着大唐的旗帜，收复河西四千里故土。有首《菩萨蛮》赞叹了张议潮的功绩："敦煌古往出神将，感得诸蕃遥钦仰。效节望龙庭，麟台早有名……"

第三支部落势力是吐蕃奴部嗢末。嗢末部族是由吐蕃奴役的苏毗、羊同（象雄）、白兰羌、党项、回鹘等部族混合而成，本来是汇集了几乎所有民族的军奴建制，后来自成一个部族。公元869年，吐蕃内部爆发的嗢末起义历时九年，直接导致吐蕃内部衰亡，其势力散布在河陇地区。

在张议潮长达十几年的收归河西战事中，嗢末部族对归义军并无明显的掣肘。但他万万没有想到，在他晚年留置长安的最后时期，嗢末，会成为他的心头之刺，让这位年过70的老人不断上表痛陈："咸通二年（公元861年）才收归的重镇，没有几年，不知却废……"

这座重镇，就是张议潮厉兵秣马十年后才亲自挂帅上阵，号称"通一线于广漠，控五郡之咽喉"，取之即能彻底贯通河西走廊，光复河湟全境，以"告成宗庙，雪耻二百年间"的河西最后一座失落重镇——凉州。

唐军的威名
归义军与吐蕃的武力较量

从大中五年（公元 851 年）张议潮收复甘州算起，到咸通二年（公元 861 年）张议潮最终"奉凉州来归"，张议潮及其归义军用了整整十一年时间才彻底驱逐了吐蕃守军，完全收复了吐蕃所占领的河西之地。从这样一个艰苦的过程也可以看出，对于张议潮与归义军而言，吐蕃军队实在是个劲敌。

劲敌吐蕃

在张议潮起兵时，吐蕃业已陷入混乱进而崩溃。可这并不意味着吐蕃这个庞大帝国的军事力量一朝消失。吐蕃王朝实行军政一体化制度，军政首脑平时主政、战时统兵。其军事组织自上而下，十分严密：赞普是最高的军事统帅；赞普下设尚论，尚论直接对赞普负责；尚论下设兵马正副都元帅；在兵马正副都元帅之下，吐蕃本土设 5 个茹[①]61 个东岱，地方长官亦是地方军事首领，负责当地的军政事务、军队训练及兵员的调配和补充。在被征服地依然是以地域为单位划分军事区域，以地方长官统领当地军事。譬如，学界据敦煌藏文写卷可以考察出敦煌的职官序列：瓜州节度使（留后使）—瓜州大监军—沙州节儿论—乞利本—大都督—监军使—副节儿—（汉人）观察使—（吐蕃人）部落使—（汉人）副部落使—（汉人）小节儿—岸武库令—（吐蕃人）沙州料敌防御都使—（吐蕃人）小千户长—（汉人）副小千户长—（汉人）大税务官—乞利本长书论等。这就是一套军政合一的职官体系。吐蕃中央政权崩溃后，各地的军政长官自守一方，便形成了或大或小的割据势力。

与军政合一相适应的，就是吐蕃实行的部落兵制。特别是吐蕃王朝早期的军队，有战事则为军人，无战事则为农、牧民，兵民不分。部落务农、务牧时兼顾备战、训练，有了战争则多以部落为组织单位，部落整体奔赴前线。这种以部落为单位的兵力配置便于行军、野营、给养、作战、防御、撤退等。单个部落可以独立作战，也可以配合其他部落参加大的军事行

---

① 茹是吐蕃最高级别行政组织，东岱相当于部落。

动，机动能力极强。在今天能见到的敦煌古汉、藏文写卷和新疆出土的藏文简牍和写卷中，就有一些有关吐蕃部落军事活动的记载。新疆米兰出土的藏文写卷和木简记载，吐蕃对唐朝的战争中，岛岱部落就以勇猛善战著称。

另一方面，吐蕃军队的装备在当时也显得相当先进。在进攻武器中，吐蕃军队使用最多的，也是最常见的就是弓箭。吐蕃弓箭，轻巧坚硬，射程远，短小而锋利。从出土的古藏文简牍记载来看，专门有人司职弓箭的保管，可见吐蕃军队对弓箭的重视程度。弓大体是木制的，一般长约三尺，高尺许，造型美观，轻巧灵便，能在较远的距离射杀敌人。而在防御装备中，吐蕃军队已大量装备了锁子甲，较之其在唐军中的普及度更胜一筹。唐代的《通典》明确记载，吐蕃"人马俱披锁子甲，其制甚精，周体皆遍，唯开两眼，非劲弓利刃之所能伤也"。事实上，当时吐蕃锁子甲的工艺水平在整个亚洲大陆都极其有名，阿拉伯人的文献也记载吐蕃的铠甲（吐蕃盾）的精良，竟坚不可破。公元729年左右，西突厥别部突骑施进攻阿拉伯帝国（大食）控制下的河中地区，当突骑施可汗苏禄出现在阵地上时，阿拉伯军队中的两位神箭手对其进行了狙击。结果，两箭都射中苏禄的面部，却不能取其性命，拯救苏禄的正是他周身只露出两只眼睛的吐蕃锁子甲。据说，在纽约大都会博物馆保存的18世纪的藏族锁子甲与吐蕃时期的锁子甲在制作结构上并没有发生任何改变。

当然，对张议潮及归义军而言，也不是没有好消息。吐蕃政权分裂各自为战之外，其军力较之鼎盛时期也有所削弱。而这与佛教传入吐蕃有相当大的关系。吐蕃王朝的"出家人"最早是从赤松德赞时的"七觉士"①开始，经过赤松德赞、赤德松赞、赤祖德赞等赞普大力崇佛，佛教在吐蕃得到了充分的发展，出家僧人也逐渐从王室走向平民化。然而，吐蕃的僧人平时不但不参加劳动，更不需要从军。由于越来越多的青壮年加入僧人的行列中，征集兵员的数量和质量都受到了较大影响。而且，僧人按规定不能结婚生子，大量男性进入寺院，人口的出生率随之降低。随着寺院规模的不断扩大，吐蕃社会的人口数量不断减少，兵源也就日渐枯竭了。尽管如此，吐蕃军队仍然是个不容小觑的劲敌，这点是毫无疑问的。

盛唐遗绪

面对这样的敌手，张议潮与归义军又当如何呢？有一点是可以肯定的，尽管经历了吐蕃的长期统治，归义军仍然有着对昔日唐军的记忆，或者在一定程度上延续了河西唐军的衣钵。

---

① 在藏族历史上第一座佛教寺院出家的第一批僧人，一共七个人。随着佛教在藏地影响力逐渐变大，后世尊其为"七觉士"。

这是因为，吐蕃入侵河西时，迫于唐军的顽强抵抗，做出了一定妥协，使得当地唐军的部分骨干有可能保存了下来。譬如，在敦煌，唐将阎朝率沙州军民拼死抵抗达十一年之久，最后在吐蕃答应了"毋徙佗（他）境"的条件后，才开城出降。今天我们在吐蕃时期的敦煌文书中经常可以看到"番和"一词。这个"番和"是敦煌人民在孤立无援的情况下苦战十余年换来的，它使敦煌民众能够留居故土，沙州地方得以保全免毁。而既然"毋徙佗（他）境"，参加守城战役的唐军将士尽管放下了武器，但是很可能会将自己的军事技能传承下去，而为张议潮起义时所用。

同样传承下来的，还有"安史之乱"前那支处在巅峰时代的唐军的威名。按照《卫公兵法》的记载，唐军典型的战术就是：诸军按其职能分为弓手、弩手、驻队、战锋队、马军、跳荡、奇兵等多种，每次作战，弓弩手发箭后执刀、棒（即陌刀、棒）与战锋等队齐入奋击，步兵稍败后，奇兵、马军、跳荡才冲入腾击，步兵准备再援，步骑兼用，攻守有职。步兵为先锋，骑兵为侧辅，步兵配以弓弩、陌刀，骑兵负责步兵战后的突击与追击。陌刀因其有"断马剑"的特殊功用，为先锋步兵冲阵的主要兵器。唐代军队普遍装备了由汉代的斩马剑发展而来的陌刀，陌刀两面有刃，全长一丈，重15斤，砍杀效能相当高。由于这种新式武器的问世，唐代明光铠的肩部也相应出现了虎头、龙首等造型的护肩（称为吞肩兽或肩吞口）。造型华丽的护肩对后世影响极大，经常被明清时代的小说如《三国演义》《隋唐英雄传》等用来形容武将的铠甲。如《三国演义》在描写吕布出阵时说道："头带三叉束发紫金冠，体挂西川红锦百花袍，身披兽面吞头连环铠，腰系勒甲玲珑狮蛮带，弓箭随身，手持画戟，坐下嘶风赤兔马，果然是'人中吕布，马中赤兔'"。这种铠甲装束或许就是根据带有护肩的明光铠创造出来的。

更加值得一提的是，学者李文才在《论唐代河西、陇右、朔方三节度使的军事地位及其成因》里统计，在开元二十一年（公元733年）前，唐与周边诸族之间发生的主要战争共84次。其中竟有55次发生于沿黄河河曲的北方及西北边境地区，约占总数的65%。作为唐军这一时期的主要对手之一，吐蕃与唐军在安西（碛西）、河西、陇右、剑南近万里的弧形战线上均有交手，地域广阔空前，但是也有重点，双方的战事多数发生在河湟地区。由于这个原因，辖地包括河西走廊在内的河西、陇右与朔方三节度使取得了最为重要的军事地位，不仅配置了数量最多的军镇和最强大的野战兵团（包括最强大的骑兵部队），而且军费开支占据了全部野战军团军费开支的一半以上。

这支精兵曾经有过光辉的战绩。开元十七年（公元729年），唐玄宗任命时任朔方节度使的信安王李祎联同河西、陇右节度使攻取石堡城（今青海日月山东麓）。诸将官都认为石堡城险远，又是重要的军事据点，吐蕃一定会全力以赴地防守。唐军孤军深入，如果攻取不能成功，就会进退失据，带来很大的被动。他们建议李祎"按军持重，以观形势"。但李祎认为做臣下的不能害怕艰险，即便"众寡不敌"，也要"以死继之"，于是率领军队倍道兼行，"并力攻之"，"斩首四百余级"，一举夺取石堡城。李祎在此分兵据守，掐断了吐蕃前进的道路。消息传到长安，唐玄宗非常高兴，下令把石堡城改名叫"振武军"。趁此机会，唐朝河、陇诸军向西攻战，拓境千余里。吐蕃新败之余，被迫求和。开元二十二年（公元734年），根据远嫁吐蕃的金城公主的请求，唐蕃双方同意在赤岭树界碑，碑文重申"舅甥修其旧好，同为一家""两国和好，无相侵掠"，唐蕃均派出文武重臣前往日月山观树碑礼。这就是所谓"赤岭分界"。

归义军制

当然，昔日唐军的辉煌早已被雨打风吹去。张议潮起兵时，当年死守敦煌而幸存的将士，恐怕多已不在人世。归义军所能沿袭下来的，大约仍以军制的可能性为大。按《通典》记述，唐军军制，军中基层单位每队50人，设"押官一人，队头一人，副二人，旗头一人，副二人，火长五人。"可知每队分

5火，每火各10人。其兵器装备是"六分支甲，八分支头牟，四分支戟，一分支弩，一分支棒，三分支弓箭，一分支枪，一分支排，八分支佩刀"。不过当时的戟早已被从军中常用格斗兵器中淘汰掉了，而枪的比例过低，因此文中"戟"恐为矛、枪之误。按照《太白阴经》的说法，当时军队里主要装备的兵器是枪、刀（佩刀或陌刀）和弓箭，这些是每个战士都备有的兵器。另外，还配备有少数的弩和棓（bàng，古同"棒"，棒子）。防护装具方面，有甲和盾牌（牛皮牌或团牌），其中有60%的战士装备有铠甲，至于盾牌则数量较少，只有20%的战士能够有这种装具。

唐朝是冷兵器发展的鼎盛时期，弓、弩、刀、枪、矛和甲胄等，形制规范，性能良好，轻便耐用，制作精良。兵器装备大多数由官府作坊统一制造。中央设军器监主管，下设：弩坊署，掌矛矟、弓矢、排弩、刃镞等的制作；甲坊署，从事甲胄、筋角的生产。唐肃宗乾元元年（公元758年），废军器监，置军器使，由宦官担任。地方各州府，亦设作坊制造甲兵。河中的弓，浙西的弩，安定的甲，远近闻名。凡生产的武器，皆刻上工匠姓名、制造年月，以备检查。储藏保管，由中央卫尉卿和地方州府所属武库分别负责，须有皇帝颁发的敕令才可以发放。不过，张议潮以一隅之地起兵，绝没有如此优越的后勤条件，归义军将士的武器，可能以"土法上马"或者来自吐蕃军队的缴获为多。

不过，史料里也提到，张议潮起兵之初，与吐蕃守军短兵相接，"白刃交锋，横尸遍野，残烬星散，雾卷南奔"。经过一场残酷的白刃战之后，张议潮终于一举收复沙州。这就从侧面暗示，归义军应该拥有数量可观的近战兵器。当时唐军的格斗武器主要是刀，《唐六典》里的刀制有四种："一曰仪刀，二曰鄣（zhàng）刀，三曰横刀，四曰陌刀。"其中的仪刀和鄣刀，是用于仪仗和障身，不能作为大量装备军队的实战兵器使用。横刀就是佩刀，这是一般战士都要装备的标准兵器，在唐代的壁画里，经常能看到佩带横刀的武士。陌刀如前所述，是一种长柄的刀。另外还有长柄的格斗兵器，唐代主要是矛，当时多称为枪。《唐六典》里的枪制有四种："一曰漆枪，二曰木枪，三曰白幹枪，四曰朴头枪"。其中白幹枪和朴头枪分别是羽林和金吾所使用的仪仗兵器，木枪是一般步兵用的，漆枪用来装备骑兵。

　　而在归义军政权草创之后，与中原的交通恢复，这就使得归义军的军制受到唐代后期藩镇的影响。"十将"，又称什将，是唐代藩镇基层的重要将领，职级虽低，却是行军作战的先锋和整训军队的军将，在军队中起着十分重要的作用。他们训练军队、领兵打仗，与唐中后期的藩镇割据、互相争战，甚至犯上作乱很有关系。而在归义军中，也可以看到"十将"的踪迹。

　　不过，由于职级较低，两唐书的《职官志》《兵志》《通典》《唐会要》等典籍中对"十将"均未作记载，因此敦煌出土文书的"十将"存在争议。如荣新江认为"十将"是十个将头的总名，每将百人之兵，由将头、副将统领。张国刚在研究唐代藩镇军将职级时则认为："作为职级之一的十将决不是十位将领之意，也不会领兵一千人。"无论麾下究竟有多少士卒，归义军里的"十将"的主要职守也是训练军队和带兵打仗。敦煌文书《右军卫十将使孔公浮图功德铭并序》就记载："胡马因风，敢掠阳关之草；王师电举，分邀碛外之踪。逐北出其前锋，振旅推其后殿。呈功勿伐，有效先勋。拔萃行间，迁阶列首。蒙授得右军卫十将使兼先锋将知军中事。"显然，此将就是因为征战积功才得授充十将、充当行军作战的"先锋将"。或许，在当年的战场上，正是这些不知名的"十将"率领士卒冲锋在前，终于让汉家旗帜，重现河西走廊。

收复河西最后重镇凉州
归义军忠魂难敌防范与猜忌

　　归义军十几年来收复河西失地的壮举，振奋朝野内外，晚唐气运似乎在这一刻回光返照。但经历了安史之乱盛极而衰的大变，唐廷对藩镇的猜忌与防范已深入骨髓，分化防范藩镇成基本国策，归义军与朝廷成为博弈双方。

　　归义军以三年血战力克河西最后一座重镇凉州，彻底打通河西与中原的交通，吐蕃由此衰绝，大唐无西顾之忧。当此之际，朝廷应当抓住机会，借归义军之手乘势安稳河西。然而由于久畏藩镇，唐廷反而将矛头转向了归义军，加紧对归义军的防备与分化，包括绥靖凉州、拒授河西节度使旌节、析置（指将原行政区划分开，设立新的行政区划）节度使统辖范围、召张议潮入朝为质却命他遥领归义军节度使，使其侄张淮深没有名分地在西北复杂乱局中艰难斡旋而只能僭（jiàn）称河西节度使。这些举措，某种程度上贻误了时机，间接导致"吐蕃新丧、各族并起"的局面，河西的局势，变得更加复杂。

七千壮士，力克凉州

时间来到张议潮起兵后十年，西北的局势已在归义军的经略下渐趋稳定，但通往中原的道路依旧没有被完全打通。凉州，这座西北重镇，依旧被吐蕃占据，像一座反向的边塞，横在河湟之地与中原唐廷之间。

此时的张议潮不愿再等，在大中十二年（公元858年）八月亲自提刀上阵，率大军进抵凉州，一场凉州收复战正式打响。而这支大军，仅有蕃、汉兵七千人。

凉州即现在的甘肃武威，古称雍州、姑臧、休屠，自古是边防重镇、西北要冲，也是丝绸之路的东端。十六国时期的前凉、后凉、南凉、北凉，隋末的大凉，唐末的浑末都曾在此建都，因此又有"（六朝）雍凉之都"的美称。自大历元年（公元765年）失陷以来，凉州一直处于吐蕃的统治下，诗人张籍有一首《陇头行》描述了凉州陷落后的惨状："陇头已断人不行，胡骑夜入凉州城。汉家处处格斗死，一朝尽没陇西地。"他高声疾呼，哪里能找到像李广、李蔡（汉朝名将李广堂弟，曾随大将军卫青出征匈奴，封轻车将军）一样戍卫边关的大将，收复凉州，还我汉家河山。

九十三年过去，张议潮仿佛听到了张籍的呼唤，率领归义军挟雷霆之势，一路气吞山河，动地而来。

唐时凉州下设五座坚城，分别为姑臧、神乌、昌松、番禾（天宝中曾改名"天宝县"）、嘉麟。吐蕃听到张议潮率军东征的消息，排兵布阵，将主力聚集在嘉麟、番禾、凉州三城，又有鸿池谷兵马策应，呈掎（jǐ）角之势，据城自守，想用疲兵之策，拖死风头正劲的归义军。然而，归义军誓死不退，势要拿下凉州。

这一场拉锯战打得旷日持久，经过整整三年血战，张议潮在咸通二年（公元861年）九月光复凉州，并一鼓作气，乘胜将吐蕃残部逐逼至星宿（青海湖）、赤岭以南一带。《张淮深碑》如此记载这场收复战："姑臧虽众，勃寇坚营。忽见神兵，动地而至，无心掉战，有意逃形，奔投星宿岭南，苟偷生于海畔。"

诗人张籍的振臂疾呼音犹在耳，然时间已过去百年之久。

良图既遂，吐蕃衰绝

凉州收复战掀起的蝴蝶效应直接加速了吐蕃的衰亡。

随着西北和中原的屏障被彻底打通，丝绸之路逐渐恢复，一方面，唐军士气大为提振，加速扫清了吐蕃势力的残余，河西之地争相传颂张议潮的事迹："河西沦落百余年，路阻萧关雁信稀。赖得将军开旧路，一振雄名天下知。"另一方面，河西军民积攒了三辈人的家国之怨一时得报，"良图既遂，摅祖父之沉冤"，人心思唐。

此消则彼长，横行两百年、数逼长安的吐蕃彻底没落。先是来自归义军的持续打击，一步步将吐蕃清出河陇。接着是吐蕃内部的分化，咸通十年（公元869年），吐蕃内部爆发由平民和奴隶发起的嗢末起义，藏语称"邦金洛"。起义从朵甘思地区延伸至多康地区（甘孜、德格、昌都一带），直捣吐蕃腹地，历时九年，吐蕃王室、贵族等被起义的庶民和奴隶逐杀殆尽，王室陵墓被掘毁。藏文史书《贤者喜宴》中这样记载："初发难于康，寝而及于全藏，喻如一鸟飞腾，百鸟影从。四方骚然，天下大乱。"

至此，吐蕃崩溃。唐廷已无西顾之忧。

对于此时的大唐来说，西北的形势可谓一片大好。面临吐蕃的衰落，唐廷应当抓住时机，借助归义军的力量乘势安稳河西。但久畏藩镇的唐廷，并没有抓住这个机会，反而将猜忌的矛头转向归义军，上演了一出"飞鸟尽，良弓藏"的戏码。

须藉官爵，以安军情

按照收复河湟失地、打通河西走廊、得地四千余里，使得"六郡山河，宛然而旧"的赫赫功绩，放在盛唐时期，张议潮早已拿到河西节度使旌节，成为名正言顺统御河西的封疆大吏。然而，今时不同往日，经历了安史之乱的唐朝，失去了"九天阊阖（chāng hé）开宫殿，万国衣冠拜冕旒（miǎn liú）"的气度和自信，自德宗以来的历任皇帝投鼠忌器，最怯惧的事情就是藩镇割据。凉州光复后，唐廷表面上嘉奖了张议潮和归义军，实际却采取了一系列官爵羁縻、分化削弱的策略，将归义军分割为凉州和瓜沙二节度，削弱其势力。

首先是名头上，唐廷压根儿不想授予张议潮河西节度使旌节，只给过他归义军节度使的头衔，至于其后辈张淮深等人，就更不想给，甚至出现过屡次请节被揶揄的情况。如今莫高窟第156窟中《张议潮统军出行图》上题写的全称为"河西节度使检校司空兼御史大夫张议潮统军（驱）除吐蕃收复河西一道行图"，其中的"河西节度使"即为张议潮在河西地区的僭称，后来的归义军节度使，也常常以河西节度使自称。

为什么归义军历任统帅会对"河西节度使"有如此大的执念？倒不是张议潮等人贪图名誉，而是某种"信仰正朔"的表现。"河西节度使"这一称号，与安西、北庭节度使一样，是盛唐时期设立的正规节度使。古人讲究正统，名不正，则言不顺。唐玄宗时期，凉州都督贺拔延嗣作为第一位天宝十大节度使，得以军事专杀，行则建节府，树六纛（dào，六面军中大旗，莫高窟里绘制的《张议潮统军行军图》上，一行仪仗也是树六纛），外任之重莫能比。其职权为阻断吐蕃、突厥等外族，戍卫河西。任上有哥舒翰、郭子仪等大唐名将。张议潮早年钦佩的大将封常清也曾权知北庭都护、持节充伊西节度等使。对于心系汉祚的张议潮来说，持朝廷亲授的河西节度使旌节，是对于他正统边将地位的认可，是莫大的荣耀。

唐朝时期以"道"划分天下，并全国的州县分十道（关内道、河南道、河东道、河北道、山南道、陇右道、淮南道、江南道、剑南道、岭南道），废郡为州，每道各辖若干州。河西陇右本属一道，后因管辖不便在唐睿宗景云年间被分置，河西从陇右中分离出来，成为直辖于中央的一道，或者说一个特区。从地域上，河西成为专辖河西走廊、沟通西域的地区，陇右则成为专门拱卫京都长安的屏障。

此外，冒领河西节度使还有更深层次的现实原因，唐武宗时期的宰相李德裕曾对河朔藩镇的使者说过这样一句话："河朔兵力虽强，不能自立，须藉朝廷官爵威命以安军情。"李德裕任相之前，曾历任兵部侍郎、西川节度使、镇海节度使、淮南节度使等职，在任上时外攘回鹘、内平泽潞（平定泽潞节度使刘稹叛乱），破虏诛叛，深知边情。他所说的"须藉朝廷官爵威命以安军情"，也是张议潮和历任归义军统领重旌节的苦衷。

河西地区本就形势复杂，党项、吐蕃、吐谷浑、嗢末、葛逻禄、黠戛斯各族之间矛盾不断，自古以来便是多民族林立的复杂局面，"迭相屠灭"成为异族融合期间时常发生的事，有了朝廷的正经册封，才能使得藩镇在法理层面上更有合法性。

朝廷显然无法与张议潮等藩镇将领产生同理心，只将分化归义军看作当务之急。凉州被收复后，唐懿宗急征郓（yùn）州兵2500人前往凉州，名为协守，实则有接管之意。

析置节度，各族并起

咸通四年（公元863年），唐廷进一步采取措施，将河陇地区析置为三节度，《旧唐书·地理志一》记载：

上元（公元760—761年）年后，河西、陇右州郡，悉陷吐蕃。大中（公元847—859年）、咸通（公元860—873年）之间，陇右遗黎，始以地图归国，又析置节度。

秦州节度使。治秦州，管秦、成、阶等州。

凉州节度使。治凉州，管西、洮、鄯、临、河等州。

瓜沙节度使。治沙州，管沙、瓜、甘、肃、兰、伊、岷、廓等州。

三节度中，秦州节度使与三州七关归唐有关，与归义军并无大的关联，但对于凉州和瓜州的分置，史学界有不同看法。

冯培红先生著作《敦煌的归义军时代》中认为，分置瓜、凉二州节度使，又以灵武节度使兼领凉州，实际上是将归义军领地一分为二，大大压缩了归义军在法理上的统辖范围，甚至连"归义"这一军号也在潜移默化中被取消。另一方史学观点则认为，张议潮虽然名为十一州观察使，又克凉州，但实际归义军统辖的范围仅有甘、肃、瓜、沙、伊、凉六州之地，加上秦州等地与归义军无关，唐懿宗析置三节度的做法并不是要削弱归义军，征发郓州兵前往凉州也只是协防。

笔者偏向前者的观点，即析置三节度，确实对归义军和张议潮有明显的打击和削弱。从安史之乱后历任皇帝对藩镇的惯有态度看，防止藩镇坐大、及时分化，是唐廷的基本策略。张议潮是从孤悬在外的沙州自主起义，不是朝廷的"嫡系"兵马，起义以来一路靠着自有人马的勤勉和文治武功收复西北，成就偌大功业，虽然一心向唐，屡表忠心，但朝廷对他的顾虑和忌惮在所难免。

从心理和法理上，压缩归义军的统辖范围、不授予河西节度使旌节，对一个新生地方政权来说，加剧了服众的难度，尤其是在刚打了胜仗、旧势力党羽未尽的情况下，一旦诏令久不至，节度使的统治就会面临严重的合法性危机。

对于归义军来说，这样的掣肘有点过河拆桥的意味，与吐蕃连年作战收复唐土，换来的反而是不信任。但站在唐廷的角度看，这也是管理上的无奈之举。一个强大的王朝，也会在地方政权收复失土后，加速巩固中央统治，派遣军队进行戍守、固防等后续工作。然而，晚唐失败就失败在怯惧藩镇，怕再次上演安史之乱的旧事，却又在分化西北归义军后，发觉中央势衰力微，鞭长莫及，根本没有能力从中原抽调兵马去镇守或接管。久而久之，兴复和重建的成果又陷入迟滞和倒退。

因此，分化归义军的结果，从客观上，节制了自己人，加剧了矛盾，同时也流失了大战初捷的宝贵时间。晚唐进入这样一个死循环，正是因为衰微，才要削弱和防范自己人；防范了自己人，外部又难以辖制，这也间接导致回鹘等部族乘势强大，形成各族并起的混乱局面。

吐蕃新丧，各族在暗中观望中原王朝的动向。河西诸州羌、龙、嗢末、浑、回鹘等族，见到中原对归义军这一西北新晋势力并不信任，也就开始蠢蠢欲动。按照《新唐书》卷二一六《吐蕃传》记载，嗢末本意为奴隶，是混合了吐蕃俘虏的诸部落，在起义推翻吐蕃后，一直寻求自立，不服凉州节度使的控制。咸通年间，嗢末逐渐吞并了业已被唐收复的凉州，有再次阻隔西北之嫌。朝廷无暇西顾，由张议潮之侄张淮深奋力再次收归，然而兵者凶事，长久的军事拉锯，只会造成双方消耗，让其他部族的势力趁机坐大。

西域古国焉耆亡国的国民——吐火罗系的龙家人从西域而来，因焉耆亡国，国民逃难，一路迁徙到河西，扎根于此，也想趁机壮大。

回鹘人在早期反吐蕃时是张议潮的盟友，但在吐蕃衰亡后，不甘于接受归义军的统治，总干一些"早向瓜州欺牧守"，诈降夺城、袭扰河西的事情，曾一度占据瓜、肃等数州。在各族并起、难以弹压的复杂时刻，都是张淮深在处理变局。此时的张议潮已奉诏回京，代兄为质，卸下了戎马半生的甲胄。

束身归阙，代兄为质

咸通七年（公元 866 年），凉州收复战后五年，"先身为质"的张议潮之兄张议潭于长安去世，当年他捧着河西十一州图辑入朝报捷，时当大中五年，转眼 13 年过去，他再也没有回过敦煌。

次年二月，归义军节度使张议潮被唐懿宗征召入朝。面对乱局初定的河西和大唐皇帝的一纸诏令，背负"归义"大旗的张议潮只能选择后者，在穷冬烈风中赶赴长安，像赴一场去而不返的盛宴。这一年他 69 岁，距离起义归唐整整过去 20 年。

入朝之后，张议潮荣耀加身，唐懿宗加封他为金吾卫大将军，兼授左神武统军等虚职（同时为了限制归义军，仍将归义军节度使之职挂在张议潮身上，远在敦煌的张淮深只得以归义军兵马留后的身份来主持军政），赐予宅邸，恩赏钱粮，得以"球乐御场，马上奏对"，于长安安度晚年。然而，《张淮深碑》中用"束身归阙"形容张议潮奔赴长安的无奈，《周故南阳郡娘子张氏墓志铭并序》中描述得更为直接——"入质归朝"，名义上是为兄吊丧，加官封赏，实际则是代兄为质，牵制归义军。

在长安的张议潮过得并不安稳，他始终心系凉州，心系敦煌，心系河西战事，数十年东荡西除、收归唐土的征战生涯，让他最明白要安定河西的复杂乱局，绝不是初定一个吐蕃这么简单。在他赶赴长安的前夕，凉州嗢末便开始跃跃欲试，企图改弦更张，深耕自己的势力以拿下凉州。远在长安的张议潮，时刻关注着西北动向，为了洞知消息，他甚至"累询北人"，随后将所知消息综合多年经验，上表净谏，劝说朝廷重视凉州的戍防，痛陈咸通二年才收复的凉州，短短几年时间不知却废，而凉州之界，"咫尺帝乡"，是扼守西戎的要冲，为东夏之关防，怎么能平白无故就"放欺盗给"。

"臣恐边土之人，坐见劳弊。臣不可伏匿所知，偷安爵位，俾国家劳侵，忍霄肝（宵旰）忧勤。臣不言，有负国家，言而不用，死亦甘心。"

这样泣血陈情的表述，与他年幼时抄录的《封常清谢死表闻》何其相像，都是恨不能做尸谏之臣，结草军前，回风阵上，再引忠义之士为国平寇守疆。

好在张议潮并未步封常清的后尘，朝廷认为张议潮的用心深可嘉奖，却也只以粮料欠阙、暂见权益、近知蕃状、不便改移为由，推脱了张议潮的谏言。朝廷的推脱不尽是假话，这时的国库确实缺钱少粮，加之战略重点转移到了西南，对于西北，更是抱着多一事不如少一事的态度，施行绥靖政策。大唐的气数似乎要尽了。只有那些忠良死节之士，还在殚精竭虑缝补这楼台倾覆、满目疮痍的江山。

从残存的文献不难猜测，张议潮同样的上表还有很多："伏蒙圣恩，许赐对见。缘臣生长边塞，习礼不全……""所奏蕃情，恐有不尽。今逐件状分析，伏乞皇帝陛下俯赐神鉴……"这位夙夜恭谨的老人，虽无苦寒之羁，却屡作净谏之臣。他以七十高龄，谋划着盛唐时期山雄海阔的气象。

在人生的最后几年，张议潮没有安度。根据《张淮深碑》记述，晚年的张议潮"忽遘（gòu）悬蛇之疾，行乐往而悲来；俄惊梦奠之灾，谅有时而无命"，这些或由家书传至敦煌。独坐于漫漫长夜，他眼见煌煌灯影之中闪过的，正是自己年少时抄表横槊、誓心归唐的身影。

归义，归义，这是一位大唐老人披星戴月的生死愿景。

咸通十三年（公元 872 年）八月，张议潮死于长安，赠官太保，春秋七十有四。

第十一篇 请节二十年
张淮深在河西地区的"乾符之治"

广明元年（公元 880 年），"冲天大将军"黄巢的起义大军迫近长安，自称"马球状元"的唐僖宗在出逃前，在大明宫清思殿举办了一场别开生面的马球比赛，比赛的奖励是三川节度使。

神策军将领陈敬瑄拔得头筹，因此被唐僖宗册封为西川节度使，去往三川中最富庶的西川。其余二人按马球成绩的高低被封为山南西道节度使和东川节度使。

与此同时，西北的张淮深执掌着叔父张议潮交在他手中的归义大旗，仅以"沙州刺史"的身份，在风雨飘摇的乱局中，岿然镇守着大唐的河西地。

130

姑臧寇扰，昏庸相继

咸通八年（公元 867 年），因张议潮之兄张议潭上年客死长安，张议潮不得已放下初步戡平的河湟之地束身归阙，代替兄长入质长安。在去往长安之前，他将侄儿张淮深（张议潭之子）叫到身边，将河西的军务全权交付，因为他预感到，此行将是一场有去无回的久滞。

随即，张淮深以"归义军兵马留后"的身份总管河西，为此殚精竭虑二十三年。在接手归义军的那一刻，他并未意识到未来将面临怎样纷繁复杂的局势。

《张淮深碑》记载了这段命运的交付："太保咸通八年归阙之日，河西军务，封章陈款，总委侄男淮深，令守藩垣。"

在大唐江河日下的情况下，张议潮的入质长安对动荡的西北无疑是一个巨大的变数。彼时正是咸通年间，唐懿宗在位时期。唐廷加紧了对归义军的打压，先是在归义军收复凉州后，派遣灵武节度使裴识率领郓州兵戍守凉州，实施共管，逐渐迫走归义军；接着朝廷用析置三节度等举措，将归义军的辖区从大中五年（公元 851 年）的河陇十一州减少至瓜、沙、甘、肃、伊五州。因此，张淮深刚领归义军，其辖区即被压缩大半。接着，为了牵制藩镇，唐廷并未将张议潮"归义军节度使"的旌节授予张淮深，仅以"沙州刺史"的职位，让他统领河西五州之地。如前文所述，晚唐时期边关形势复杂，部族林立，统帅往往需要借助朝廷官爵以安军情。这种情况下，张淮深在军中的威望，自然远不及张议潮。

归义军被连番削弱，导致河西群族并起的局面再难弹压。先是嗢末对凉州的鲸吞蚕食，让身在长安的张议潮寝食难安，也让远在沙州的张淮深无可奈何。由于新设置的凉州节度使是由灵武节度使兼领，而灵武与凉州之间隔着腾格里沙漠，地缘阻隔呼应困难，因此在嗢末等部族的袭扰下难以长久。咸通十年（公元 869 年），灵武节度使卢潘遭遇嗢末等族发动的叛乱，因公殉职，辛苦收复的凉州不知却废。

70 多岁的张议潮在长安不厌其烦地上表陈情，反复讲述凉州作为"扼西戎之要冲，为东夏关防"的重要战略位置，企图唤起朝廷对这个历经十三年才攻坚克难收复的河湟失地的重视。但朝廷却以边陲路远、钱粮欠缺为由，搪塞了过去。

朝廷戍边的钱粮确实是不足的，戍守凉州的郓州兵也的确缺少军粮。但长安宫殿内，是怎样一幅场景呢？

当河西的士卒为收复大唐的失地浴血奋战、出生入死时，唐懿宗李漼（cuǐ）的宫殿里歌舞升平、鼓乐喧天——因为他在宫中豢（huàn）养的乐工就足有五百人，日日宴游，以享极乐，动辄对乐工优伶赏赐千钱。根据记载，唐懿宗应该是个音乐家，号称"洞晓音律，犹如天纵"，每次出行，宫廷内外的扈从多达十余万人，费用开支之大难以计算。

唐懿宗继位时，以咸通为年号，取自唐宣宗所作曲子中

"海岳晏咸通"的佳句，以此缅怀父皇，誓要继承唐宣宗的大中之治，也盼望国家能河清海晏。然而《新唐书》客观地评价了唐懿宗的功绩，称其"以昏庸相继"。

公元 870—871 年，张议潮眼看着凉州在嗢末的蚕食下再度沦陷，心意难平，张淮深同样痛心疾首，但苦于鞭长莫及，退守在五州之地。

仅仅一年后，张议潮便在"梦奠之惊"中客死长安。张淮深在朝中再无亲眷，河西的一切，都只能靠他自己了。

兵雄陇上，守地平原

嗢末占领凉州后唐廷不闻不问的举动，给河西诸部族打了个样，让他们明确见到了大唐无暇无力西顾的衰弱。回鹘、吐谷浑、龙家等部族相继活跃起来，乘势崛起，尤其是回鹘，在唐军与归义军交界的夹缝之中壮大。

在唐廷的绥靖政策下，回鹘侵吞河西的野心越来越大。而在唐廷的强制瓜分下，归义军的势力范围越来越小。尤其是张议潮去世后，咸通末年至乾符初年期间，唐廷再度改制凉州军政机构，将凉州节度使改制为河西都防御使，归义军统辖的甘、肃二州也划归至河西都防御使麾下，张淮深进一步退守。

从《张淮深碑》上看，张议潮选择侄儿张淮深承续归义军首领的位置，是"推夷齐之让，恋荆树之荣"的结果。"夷齐之让"指的是伯夷、叔齐兄弟让国的故事，伯夷、叔齐是商末孤竹国国君的长子和三子，孤竹国国君欲立叔齐，在他驾崩后，叔齐却以长幼有序的伦理要让位给哥哥伯夷，伯夷不受，随即出逃，叔齐也随兄弃位。"荆树之荣"说的则是汉朝田氏三兄弟分家的故事，三兄弟本要将自家庭前紫荆树一分为三，却忽见树死，感叹人生短促，如树之枯荣，决定不再分家。

当年沙州起事之后，张议潮与张议潭兄弟二人或有推让之意。张议潮留在河西继续与吐蕃作战，收复大唐失地，其兄长张议谭则奉十一州图籍入朝报捷，同时也是"先身为质，表为国之输忠"。在其留质后，张议潮就将侄儿张淮深带在身边，让他在收复河西的过程中屡立军功，也锻炼了他治理内政、处理民族事务方面的才能，从而使他有能力应对河西之乱。

时间来到唐僖宗乾符年间，张淮深与甘州回鹘展开拉锯战。这支回鹘源起西州，是庞特勤的后裔率领东迁的一支。张议潮在世时，西州回鹘仆固俊部与归义军结为同盟共抗吐蕃，但在吐蕃消亡之后，仆固俊、庞特勤、嗢末百姓皆被唐廷当作牵制归义军的棋子，坐视其壮大。乾符二年（公元875年）正月，回鹘于沙州叛乱，张淮深率众力战退敌。次年，回鹘卷土重来，又占据伊州，同时分兵对肃州进行袭扰。

《资治通鉴》记载："是后（张议潮卒后）中原多故，朝命不及，回鹘陷甘州，自余诸州隶属归义者多为羌、胡所据。"仅仅是"沙州刺史"的张淮深无法借助朝廷官爵威名压制诸蕃，只能硬靠武力来平叛，同时屡次三番派遣使者去往长安求授旌节。

而回鹘在河西肆虐的同时，也不忘向朝廷屡求册立，荒唐的一幕就出现了。

远在朝堂的唐僖宗李儇对于河西并不了解。这位12岁枢前即位的皇帝，和他父亲唐懿宗一样，也是在宦官的扶持下当上的皇帝，这几乎成为甘露之变后大唐的传统。《新唐书》记载："唐自穆宗以来八世，而为宦官所立者七君。"

也许是继承了唐懿宗的血脉，唐僖宗的艺术天分也很高，爱好则更加广泛，不仅精通音律，更爱斗鸡、赌鹅、剑槊、骑射，对打马球更是技进乎道，曾对优人石野猪说："朕若应击球进士举，当为状元。"在唐僖宗自号"击球状元"的日子里，大宦官田令孜居中执政，号令三军，他则在后方专研马球，口称"阿父"。

在接到甘州回鹘请求册立的上表后，唐僖宗立即派遣使者前往册封，恰逢作乱的回鹘被吐谷浑、嗢末所败，逃遁不知所终，才不得不作罢。使者在纷乱的河西找了一圈，将玉册、国信授予灵盐节度使唐宏夫代管，之后返京。而张淮深的请节，总是无功而返。这一系列行为，无疑加剧了西北的混乱。回鹘从心理上不服大唐归义军的管制，并深深认为"彼可取而代之"。

《张淮深变文》记载，乾符三年（公元876年），回鹘人以"纳款投旌戟"的假意归顺，骗取了瓜州刺史的信任，却乘其不备暴起发难，顺势攻陷瓜州。张淮深在知道消息后勃然大怒，率领所部力破回鹘，俘虏千余人。这个消息传到长安之后，唐僖宗虽然表面上大加赞赏和嘉奖张淮深平乱之功，并厉言责备回鹘"不能坚守诚盟，信任诸下，辄敢猖狂"，转头就以"义不伐乱"之名，命令张淮深放了回鹘作乱部众。张淮深不敢抗命，只好将回鹘俘虏悉数释放。

长期的绥靖政策让回鹘越发嚣张，前脚大唐使者刚过肃州，后脚回鹘王子便领兵西来，再度犯境。

回鹘王子潜伏西桐，与瓜州回鹘东西相望，准备夹击沙州。归义军先锋游弈使白通吉探得敌情，飞马急报，张淮深看出回鹘狼性，绥抚甚难，毅然决定发兵平乱。

乾符四年（公元877年）九月，张淮深不顾参谋张大庆"季秋西行，兵家所忌"的劝阻。下令兵分十道，以急行军过六龙，突进西桐海。回鹘人原本控险为势，却遇到归义军"铁衣千队，战马云飞"，一时间阵脚大乱。在击溃回鹘王子后，张淮深折身乘胜东进，一举收复瓜州。

收复瓜州后，张淮深一面秣马三危，一面派遣以阴信均为首的使团以贺正（岁首元旦之日，群臣朝贺新年的传统习俗。汉高祖七年长乐宫修成，群臣朝贺。后来，逐渐改到元日）的名义再往长安请求册封。朝廷将张淮深的检校官由散骑常侍擢升为工部尚书，却仍未授予他节度使旌节。

面对越来越复杂的局势，张淮深加紧了军事和内政方面的治理，相继击溃袭扰伊州和肃州的回鹘人，用几年时间巩固住了归义军在河西五州的地位，随即准备继续东进，跟他叔父张议潮一样，再度收复整个河西道。

再收凉州，乾符路通

乾符六年（公元 879 年），张淮深派遣大将索勋（张议潮女婿）率领归义军自西而来，兵临被嗢末占据的凉州城下。

攻城的是归义军精锐"陌刀队"，从队伍的建制可以看出，归义军非常想沿袭唐军昔日的雄风。《唐六典》记载唐刀制有四：一曰仪刀、二曰障刀、三曰横刀、四曰陌刀。其余三刀皆为戍卫之刀，不适用于战阵，只有通长一丈、重十五斤的大唐陌刀，自汉朝斩马刀演变而来，长柄利刃，威武非凡，可"如墙推进"，与马军、奇兵一起构成盛唐时期作战的主要特色，可用于开疆拓土。史书记载了大唐名将李嗣业曾作为陌刀将拒敌的情形，当时安史之乱爆发，贼将李归仁率众突入唐营，李嗣业手持陌刀正面迎击，撞上刀刃的贼兵"人马俱碎"。

历经一番血战，归义军的陌刀队再次收复这座让张议潮临死前念念不忘的河西重镇。咫尺帝乡，河西走廊的风又一次贯通中原。

凉州收复战让索勋被唐廷升任为瓜州刺史，也成为张淮深代守藩镇时期的一大功绩。

史书上将这一阶段张淮深对河西的治理称为"乾符之治"。称赞张淮深"奸宄（guǐ）屏除，尘清一道"。

这一时期，从内政上看，张淮深"九功惟叙，黎人不失于寒耕；七政调和，秋收有丰于岁稔"。古人将"六府三事"称为九功，水、火、金、木、土、谷，即六府，正德、利用、厚生，谓之三事。根据碑文中的赞誉，可以看出乾符之治下的河西道外守疆界，内修耕战，米满仓廒（áo），财盈府库，百姓相对而言丰衣足食。

从军事上看，张淮深"秣马三危，横行六郡。兵雄陇上，守地平原"。在针对回鹘等部族侵吞唐土的作战中，张淮深获得一系列胜利，他所率领的归义军守土有责，并不负众望连续退敌，防止了类似于"安史之乱后河西、陇右悉陷吐蕃"的惨剧再度发生。

从外交上看，"仆射（淮深）之政，远蕃归仁，塞下清晏"。与张议潮的外交政策相仿，张淮深也笼络诸部族，对羌、龙、嗢末雷威慑伏，对吐蕃吐、谷浑训以华风，在抗击回鹘时，这些部族也发挥了重要作用。

总之，乾符年间（公元 874 年至公元 879 年十二月），张淮深"以功再建节旄"，保护了西北一方净土。至公元 879 年年底，从河西经萧关到长安的路畅通无阻。

然而，此时大唐的乾符年，与河西的乾符年，却截然不同。

乾符是唐僖（xī）宗李儇（xuān）的第一个年号，共计 6 年。"乾符"一词，指帝王受命于天的吉祥征兆。班固的《东都赋》记载："于是圣皇乃握乾符，阐坤珍，披皇图，稽帝文，赫尔发愤，应若兴云。"人君手握乾符，就能"四海悬诸掌，大业集于身"，因此，唐僖宗将乾符作为他的年号。但提起僖宗时期的乾符年，人们想到的，只有乾符之乱。

乾符年间，唐僖宗继承了唐懿宗的腐朽统治，天下之乱，无以复加。《新唐书》记载："乾符之际，岁大旱蝗，民悉盗起，其乱遂不可复支，盖亦天人之会欤！"

乾符元年（公元 874 年），关东水旱，百姓流离，群盗剽掠，南诏进犯西川。

乾符二年（公元 875 年），濮州人王仙芝聚众数千，于长垣（今属河南）起义。自称"天补平均大将军"。黄巢在冤句（今山东省菏泽市）响应起事。

乾符三年（公元 876 年），北境盗起，原州军乱，王仙芝屠陷五六州，疮痍数千里。

乾符四年（公元 877 年），王仙芝陷鄂州，黄巢陷郓州，馈饷之费，疲弊中国。

乾符五年（公元 878 年），王仙芝战死黄梅，余部奔亳

（bó）州投靠黄巢，黄巢称黄王，号"冲天大将军"，年号王霸。

乾符六年（公元879年），天平军易帅，河东易帅。黄巢求授节度使不成，先攻广州，又下潭州，尽杀戍兵，流尸蔽江。

公元880年春正月，唐僖宗宣布将倒霉的"乾符"年号改元为"广明"，企图逆转国运，而他自己则依旧持之以恒地斗鸡、赌鹅、打马球，等黄巢挥师北上、进抵洛阳之际才慌了神。未几，洛阳失陷，起义大军大举入关，唐君臣相对而泣。唐僖宗急发神策军弩手2800人，令张承范率领赴潼关拒守，这些神策军多是长安达官贵胄子弟，平日里鲜衣怒马，贿赂宦官挂名军籍，等听到出征的消息时，大多父子聚泣，哭完后花钱雇用穷人代行。

叛乱中，唐僖宗决定听从宦官田令孜的建议出京避难，走前决定任命三川节度使以抵挡叛军。任命节度使的方式，是用"打马球"赌输赢的方式决定人选。

在大宦官田令孜的鼓励与见证下，这位马球状元天子召集神策军将领陈敬瑄、杨师立、牛勖（xù）和罗元杲（gǎo），在大明宫清思殿举行了一场别开生面的马球比赛。陈敬瑄在比赛中拔得头筹，因此获得去三川中最富庶的西川做节度使的资格。其余二人按成绩排名册封为山南西道节度使和东川节度使。

这就是历史上著名的"击球赌三川"。大唐的命运，也随着这一场幽默的豪赌，陷入万劫不复的深渊。

广明元年（公元 880 年）十二月，黄巢兵临长安城下，唐廷发急诏任命黄巢为天平节度使，黄巢大军不退。唐僖宗在田令孜的簇拥下仓皇逃亡成都，随即长安大乱。黄巢陷落长安城后，尽杀李唐宗室，并于含元殿即位，国号大齐。

在这天下大乱的时刻，远在西北的归义军仍旧苦苦镇守着边陲，大唐的旗帜高高扬起，张淮深求取册封的请节队伍，仍在路上。

二十年请节，一场游戏

自始至终，无论天下局势如何变化，张淮深与其归义军始终将大唐朝廷奉为正朔。

从史料来看，张淮深请节的历程，长达二十年。根据《唐光启三年（公元 887 年）沙州进奏院状》中的记载，公元 867 年张议潮入朝后，张淮深就开始遣使请节，"修文写表，万遍差人"，以期得到唐廷的认可。宋闰盈在跟宰相的对述中曾说，张淮深在边关朝朝战敌，为国输忠，希望朝廷准许以旧例建节，二十多年来，朝廷没有答复。

在归义军击败回鹘兵雄陇上之际，朝廷授予张淮深检校散骑常侍，在张淮深再通丝路后，朝廷派遣使者九人看似很隆重的"重赍国信，远赴流沙"，也只是将他拔升至户部尚书的虚职。以贺正为名去长安请节的阴信均为首的使团，甚至在长安从正月一直住到了四月上旬，四个半月时间，也没求得结果。

在《张淮深变文》中记载，这一时期的他"持节河西理五州"，实际上这个"节"只是对内的自称，这样的僭称也遭到归义军内部某些势力的反对。面对外部势力的猖獗，加上内部危机的升级，恐边塞难安的张淮深在公元 884—887 年四年间，又接连派出以宋闰盈、高再盛、张文彻为首的三批使者。这三批使者一直追至唐僖宗的避难之地兴元递交请节表文。

根据时间推测，此时的唐僖宗应该是二出长安的状况。黄巢于中和四年（公元 884 年）兵败自杀，唐僖宗于光启元年（公元 885 年）回过长安，仍被田令孜挟制，河东节度使李克用进军长安要"清君侧"，唐僖宗又被田令孜劫持出京。即使在这个时候，唐廷依旧不信任归义军，三支使团依旧无功而返。

光启四年（公元 888 年）二月，唐僖宗终于重回长安，三月，驾崩于武德殿。皇太弟寿王李杰〔后改名李晔（yè）〕即位于枢前，是为唐昭宗，改元"文德"。

文德元年（公元 888 年）十月十五日，大唐送旌节使宋光庭奉唐昭宗之命，护送旌节抵达敦煌。唐昭宗给张淮深铸赐沙州节度使、沙州观察处置使大印一对。终于，在连续二十余年持之以恒的乞节努力和殷切盼望下，张淮深获得了来自唐廷正朔授予他的"正式名分"。

面对这样的"名分"，张淮深可谓五味杂陈，荣誉加身的喜悦之余，更多的是疲惫和失望。想当年，他叔父张议潮以一己之力收复河西四千里唐土，获封归义军节度使，以观察使之职总领河西十一州。如今他继承叔父之志，同样守土戍边，"讨番开路"二十余年，辖理的合法范围仅剩一州之地。次年，唐昭宗重新设置了河西节度使，治凉、甘、肃三州，加封翁郜为朝散大夫、河西节度使，张淮深被抛诸脑后。他知道自己的请节之路到这里就应当告一段落。

而他不知道，当他终于拿到旌节的那一刻，更大的危局已悄然而至，黑云笼罩了整个敦煌。

这场危局始于中和四年（公元 884 年）十一月，以宋闰盈为首的请节使团路过邠州时，遇到两个人，这两人从长安而来，为避黄巢之难流落在此，他们要回到自己的故土——敦煌。这两人的回归，将彻底改变归义军的命运……

第十二篇

三姓争雄
归义荣光在权力斗争中暗淡

公元 890 年正月初一，唐昭宗驾临武德殿接受百官朝贺，设置筵席，慰劳四方。文武百官向唐昭宗敬献徽号：圣文睿德光武弘孝皇帝。礼仪结束，昭宗下诏大赦，将年号"龙纪"改为"大顺"。与此同时，远在河西的张淮深根据"天下大小衙门拜阙"的唐礼，在敦煌身着官服，望阙遥贺，祈求这一年能风调雨顺。

仅仅一个多月后的大顺元年二月二十二日，平静的沙州城内遽（jù）生变乱，军府之中人喊马嘶。一日之内，张淮深与夫人陈氏及其六子——张延晖、张延礼、张延寿、张延锷（è）、张延信、张延武等人悉数遇难。这位戍卫河西二十三年之久的归义军节度使，没有死在刀剑纷飞的战场上，而是悲剧性惨死在自己家里。

这一年，张淮深 59 岁。

竖牛作孽，君王见欺

张淮深一家的灭门惨案，至今未发现明确的史料记载，但节度掌书记张景球在撰写《张淮深墓志铭》时运用典故，隐晦地向后世传达了这场变乱的秘密。墓志铭中赫然写道："竖牛作孽，君王见欺。殒不以道，天胡鉴知？"这十六字的分量，不可谓不重。

根据《左传》昭公四年（公元前538年）记载。竖牛为春秋时人物，号为"牛"，官为"竖"，称"竖牛"，是鲁国公卿叔孙豹去齐国避难时途经庚宗（今山东泗水）与一位妇人私生的庶长子。叔孙豹回国主政后，庚宗夫人携子来投，竖牛便在叔孙豹家中做了家臣。其人生性机敏，深得叔孙豹喜爱，不久后就有了一定势力，并开始了夺取继承权的计划。竖牛先是利用自己近前侍候的便利，传达错误信息给叔孙豹的嫡长子孟丙，继而在叔孙豹面前谗言挑拨，激怒父亲杀了孟丙。接着等叔孙豹病重后，竖牛便假传命令拒见从人，在自己的悉心照料下，叔孙豹被饿死。为了斩草除根，竖牛又在叔孙豹的嫡次子仲壬前来奔丧的路上，买通南遗射杀了仲壬。解决嫡系的兄弟们后，竖牛扶持叔孙豹庶出的小儿子叔孙婼（chuò，史称叔孙昭子）上位，自己做相，在旁听政。而上位后的叔孙婼并不甘于被竖牛操控，次年就以"竖牛祸叔孙氏，使乱大从，杀嫡立庶"的罪名要力杀此贼。竖牛奔逃齐国，半道被孟丙和仲壬之子所杀。

竖牛之乱，是古代杀嫡立庶、弑父戮兄，以致分裂封邑、造成祸乱的典型事件，在墓志铭中用"竖牛作孽，君王见欺"为典，所指甚大，显然是要言明张淮深一家惨死，有重大隐情。

根据记载，竖牛作乱中有三个特点：一是以庶害嫡、杀兄弑父；二是另立新主，而非自立；三是新主即位后，铲除了扶持其上位的作乱者。可怕的是，竖牛事件，与张淮深事件一一对应。

这场危机始于中和四年（公元884年），以宋闰盈为首的请节使团在路过邠州时，遇到两个人从长安而来，为避黄巢之难流落在此，他们要回到自己的故土——敦煌。这两人，就是咸通年间随父亲张议潮入朝为质的张淮诠、张淮鼎两兄弟。

不久后，张淮诠兄弟二人返回敦煌，他们的回归让本就复杂的河西局势更加混乱。由于归义军是由张议潮一手带起，成为收复河湟、雄踞陇西的一支强大势力，张议潮的威望在归义军内部自然无人能及。所以张淮诠兄弟一到河西境，就得到部分世家势力的支持，其中就包括张议潮的女婿索勋。更有许多人感念张议潮功德，觉得其嫡子张淮诠兄弟才是正牌少主。

张淮深为稳固自己的地位，加快向朝廷请节的步伐，终于在公元888年获得朝廷正式册封的归义军节度使旌节，然而这一封迟来二十年的任命，不仅没能稳固河西的局势，反而像个火上浇油的催命符，加剧了敦煌势力的斗争。因为同时获得唐廷册封的还有张议潮的儿子张淮鼎（此时张淮诠已故），张淮鼎获封沙州刺史，有了与张淮深分庭抗礼的政治名分，乘势在归义军内部笼络人心。

此外，唐廷又效法类似推恩令的故事采用分化手段，对张淮深的六个嫡子进行了册封，对其庶子张延思、张延嗣二人则不闻不问。这直接导致了张延思、张延嗣二人与父兄的反目。跟竖牛一样，这两位儿子不甘于自己身为庶子无法继承爵位的现状，看着自己的兄弟不断加官晋爵，又囿于自身势力单薄，转而投入与父亲敌对的阵营张淮鼎麾下。

张延锷在自己所抄写的经册中写道："时当龙纪二载（公元890年）二月十八日，（由于交通阻隔，唐廷改年号的消息之后才传至敦煌，因此敦煌写本中将公元890年二月仍记为龙纪年）弟子将仕郎、守左神武军长史兼御史中丞……张延锷敬心写画此经一册……得受衔兼赐章服。"

在张淮深嫡子张延锷拜受加官四天后，张延思、张延嗣兄弟得到张淮鼎和索勋的支持，悍然发动政变，将其父张淮深夫妇及六位兄弟悉数杀害，随后又跟竖牛拥立叔孙昭子的做法一样，拥立张淮鼎上位。根据推测，张淮鼎在上位后，很可能又效法叔孙昭子，以祸乱的罪名除掉了作乱的张延思、张延嗣兄弟。

至此，张议潮与其兄长张议潭当年抛头颅洒热血，以"夷齐之让，荆树之荣"①捐躯赴国难的家国大义，在他们子孙手里，彻底荡然无存。

子杀其父，弟戮其兄，归义的荣光，随大唐的气运丧失殆尽。

张淮深墓志铭

府君讳淮深，字禄伯，敦煌信义人也。其先曰季，出问嵩北都节度留守、支度、营田、转运等使。祖曰谦逸，工部尚书。考曰议潭，赠散骑常侍。并修礼乐，文武盛才；俱事我唐，光荣帝里。府君伯大中七载，便任敦煌太守。理人以道，布六条而土鼓求音；三事铭心，避四知而宽弘得众。乾符之政，以功再建节髦，特降皇华，亲临紫塞，中使曰宋光庭。公之异化，绩效难穷，备之碑石。公以大顺元年二月廿二日殒毙于本郡，时年五十有九，葬于漠高乡漠高里之南原，礼也。兼夫人颍川郡陈氏，六子长曰延晖、次延礼、次延寿、次延锷、次延信、次延武等，并连坟一茔，以防陵谷之变。

---

① 出自两个典故。第一个说的是伯夷、叔齐两兄弟争着让国位的故事；第二个是说汉朝田真三兄弟分家时，庭前的紫荆树忽然枯死，这触动了三兄弟，于是他们决定不分家，而后紫荆树奇迹出现，重发花枝。

其铭曰：

哀哉运戏，蹶必有时。言念君子，政不遇期。

竖牛作孽，君主见欺。

殒不以道，天胡鉴知。

南园之礼，松楸可依。

千古之后，世复何之？

铭于旌表，用防改移。

归义留后，三姓争雄

张淮鼎上位后不到两年（公元 890—892 年），归义军的大权便再度旁落。在他的任期内，朝廷一直未给予他明确的任命，仅称归义军兵马留后，死后被追赠为户部尚书。

大顺三年（公元 892 年）正月二十一日，昭宗再次大赦天下。改元，以大顺三年为景福元年，唐朝末代皇帝唐哀帝李柷（zhù）出生，大唐进入倒计时。

这一年，张淮鼎去世了，瓜州刺史索勋成为归义军新的统领，自立为节度使。

张景球撰写的《索勋纪德碑》上记载，索勋为"我河西节度张太保（张议潮）之子婿也，武冠当时，文兼识达"。其家族索氏也是敦煌望族，宗族势力庞大，索勋的父亲索琪最早响应张议潮与沙州起义，在归义军中身居要职。索勋继承祖志，曾随岳父张议潮在收复河西的过程中立下了汗马功劳，"一从旌旆（pèi），十载征途"。后在张议潮入长安后，又随张淮深荡涤西陲，尤其是率领归义军陌刀部再度收复了被嗢末占据的凉州。此战平定"姑臧寇扰"，成为张淮深乾符之政中的重要功绩，也让索勋因功获封瓜州刺史。

在瓜州主政期间，索勋颇得张议潮真传，坚城固防、兴修水利、浚通河运、建筑府衙，在经济、政治、文化、宗教等方面都卓有成效，瓜州民众咸服，索勋得以在瓜州培植起自己的势力。在张议潭之子张淮深和张议潮之子张淮鼎的政治斗争中，索勋抛弃了昔日的战友，站到了小舅子这边，导致张淮深在政变中身死。

等到张淮鼎去世，索勋的势力也就无法钳制，其时张淮鼎之子张承奉尚且年幼，张氏嫡系一族在张淮深之难中凋敝大半，张氏女婿中，肃州刺史阴文通和凉州司马李明振已亡故，索勋代掌大权成了易如反掌之事。

索勋上位后，由于他多年的战功和在瓜州的政绩，唐廷很快给他正式任命，"归义军"军号重新恢复，其势力的观察范围稍有扩大。由于沙州东面的肃、甘、凉皆已由朝廷接管，设置了河西节度使和河西都防御等职，索勋的战略目标转而向西，其观察范围囊括了瓜、沙、伊、西等州，准备大干一番。

然而，在敦煌张氏眼里，索勋不过是个篡逆之辈，在他还幻想着重振归义军雄风的时候，一场针对他的政变又在秘密集结。

景福二年（公元 893 年）九十月间，已故凉州司马李明振的妻子陇西张氏（张议潮第十四女）力举大旗，以其父张议潮建立归义军功业被索勋窃据为名，召集张氏族众及李氏族众发动政变，诛杀索勋。索氏执政，不过两年。

根据陇西望族李大宾所建的莫高窟第 148 窟洞窟中《唐宗子陇西李氏再修功德碑记》的说法，此次倒索政变发生在"兄亡弟丧，社稷倾沧"的时刻，太夫人（李明振之妻）首创大功。"所赖太保（张议潮）神灵，辜恩剿毙，重光嗣子，再整遗孙。"在张议潮的神灵保佑之下，辜负恩情的篡逆之辈被剿灭，重新恢复了张氏的基业与社稷。此后，太夫人高风亮节"全心弃政""义力侄男"，将张淮深与张淮鼎的子嗣张承奉拥立上位，归义军大权重新回归张氏家族。

但事实果真如此吗？显然不是这样，在经过索氏之后，李氏一族又一次实际掌握了归义军大权。

命如悬丝，承奉亲政

政变成功后，号称"全心弃政"的太夫人握符重镇，垂帘听政。她的四个儿子：长子李弘愿任沙州刺史，兼节度副使，实掌归义军军权；次子李弘定任瓜州刺史、墨离军使，接索勋在瓜州的营盘；三子李弘谏任甘州刺史（由于甘州此时已被回鹘盘踞，李弘谏实任沙州长史兼沙州军使）；四子李弘益任沙州司马、左神武军长史。

四子分列，老母亲居中，将傀儡张承奉架空团团围住。大小事务，皆由四子代行，包括引送使节，上达天听，官职任免，刑狱诉讼，甚至僧尼受戒，都在李氏家族的管辖范围内。

在乾宁年间的归义军上表朝廷的奏章中，归义军节度使张承奉一直与节度副使李弘愿捆绑出现，《唐乾宁二年（公元895年）十月十日归义军节度副使李弘愿牒》的落款中，甚至只有李弘愿独自签署用印，看不到张承奉的身影。

敦煌一年一度除夕之夜用于驱傩仪式的歌颂之辞《儿郎伟》中，李氏家族也成了被称颂的主角。

年幼的张承奉所经历的，正是归义军最混乱的时期。张氏、索氏、李氏走马灯一样轮番登场，以姻亲身份，行背刺之事，丝毫不见其祖父张议潮等人在世时的大志大德。

在当傀儡的那些年，他成长得尤其快。

其时人心变改，邪道日兴，政法不从，上下失序。李氏家族专政，打压异己，使得纲纪废弛，回鹘乘势坐大。沙州大族早已不满，张承奉于夹缝之中屡屡感到"长在危时……命如悬丝"，他选择不动声色，暗中集结力量。

仅仅三年之后，乾宁三年（公元896年），张承奉便抓住机会，效法他从小到大看到过的那些政变，发动了一场针对李氏的肃清。

在沙州大族的支持下，张承奉一举拿下李弘愿四兄弟及他们的母亲太夫人，即刻亲政。随后，张承奉马不停蹄地遣使入京，请求授予节度使旌节，并进一步肃清李氏家族残余势力。李弘愿兄弟先后被贬官处死，只有外任瓜州的李弘定幸免于难。太夫人张氏因为有拥立张承奉之功，兼有姑母身份，故而被褫（chǐ）夺了权力，成为庶民，眼看着诸子身死，只能以抄经度日，晚年凄凉。在光化三年（公元 900 年）六月九日抄记的《金光明最胜王经》中，太夫人张氏感叹泡幻芳兰，自己将不久于晨昏，"嗟乎爱别痛苦，伤心而不见……歼我良贤，类高花于早坠"。这些痛苦又自怜自伤的哀叹通过她抄写的经文留存了下来，但已无人助她度厄。

光化三年八月，张承奉立稳脚跟，并获得唐廷的正式任命，再领归义军节度使旌节。他开始摩拳擦掌，准备做大做强。张承奉先是大力发展经济，秣马厉兵，同时加强了和于阗国的联络，与其联姻、互通使节，以确保西线局势的稳固。

这些举措，都是为了集中精力，将眼光投向盘踞在甘、肃二州的回鹘汗国，他要重振归义军，遏制甘州回鹘的侵袭，在未来打通丝路，直接唐土。

他想在自己的任期内，让大唐归义军的旗帜，再次飘扬在河西每一个角落。

天下局乱，大命将泛

在公元 890—900 年长达十一年的政权更替中，归义军的势力严重削弱于内耗。趁此时机，回鹘再度崛起。

西州回鹘。回鹘贵族庞特勤率部西迁，后在原唐朝安西都护府的中心地龟兹、焉耆一带建立"安西回鹘"。公元 866 年，北庭的回鹘首领仆固俊攻占西州等地，以西州和北庭为中心建立"西州回鹘"，大约在 9 世纪末，西州回鹘攻灭安西回鹘，在东部天山地区建立起稳定的政权。[①]根据《唐天复元年（公元 901 年）金光明寺造窟上梁文》的记载："猃狁（xiǎn yǔn）狼心犯塞，焚烧香阁摧残。合寺同心再造，来生共结良缘。"猃狁，也就是西州回鹘，又称"高昌回鹘"，其与张淮深互有攻伐。

甘州回鹘，是当年未随庞特勤西迁的回鹘，于甘州境内游牧，一度成为归义军的牧马人，此时已建立汗国。光化初年（公元 898 年），甘州回鹘天睦可汗遣使赴长安称臣，以舅礼事昭宗，求娶公主，昭宗许赐。甘州回鹘在河西的政治势力由此加强，借机西进，屡犯瓜州一带。对于此时的晚唐来说，河西的藩镇与少数民族汗国，没有亲疏之别，在势如累卵的危机

---

① 见付马著《丝绸之路上的西州回鹘王朝》，社会科学文献出版社 2019 年。

下，谁肯依附，就行封赏。

沙州回鹘，本来依附于甘州回鹘，游牧于归义军的核心瓜、沙二地，此时同当时的小势力部落仲云、龙家，以及由党项部形成的定难军，都立足河西，逐渐生根。

这些势力，张承奉都不怕，他甚至准备多线开战，拿回河西地盘。但当他的使节前往中原寻求精神上的支援时，此时的唐昭宗已成冻雀，自身难保。

此时唐昭宗的处境，远比归义军更惨，从乾宁三年（公元896年）开始，励精图治的唐昭宗就已陷入死局，凤翔、陇右节度使李茂贞遥控宦官杀死宰相，再度兵临长安，昭宗于神策军外所设安圣军、保宁军等皆战败。七月昭宗奔渭北，去河东李克用处寻求庇护，途中被镇国军节度使韩建追上，韩建早已与李茂贞沆瀣（hàng xiè）一气，因而恐吓昭宗"车驾渡河，无复还期"。昭宗无奈被韩建掳走，幽禁在华州（今陕西华县）近三年。直至乾宁五年（公元898年）正月，被逼迫下罪己诏与李茂贞修好，罢诸道讨凤翔（今陕西宝鸡）兵，才得以返京。

光化三年（公元900年）崔胤复相，与昭宗大声密谋要尽诛宦官，此计未大规模施行，只是每到如醉酒时就杀几人助兴。十一月，一众以神策左军中尉刘季述为首的宦官率禁兵千人破门入宫，行废立之事，轻而易举就将昭宗囚禁于少阳院，立太子李裕为帝。刘季述以银杖画地，历数昭宗罪过。为防昭宗逃跑，熔铁浇锁，每日吃食皆从墙角小洞传递，皇帝威严尽失，受尽折辱。昭宗弟睦王李倚被害，凡昭宗宠信如宫人、左右、方士、僧、道皆被宦官杖杀。每夜杀人，昼以十车载尸出宫。

后朱温诛杀诸宦官，于光化四年（公元901年，天复元年）拥昭宗复位，又改年号为"天复"，取天子复位之义。

朱温被晋封为东平王，李茂贞又来无功请赏，以祝贺昭宗复位为名，从凤翔跑来长安请求加封自己为岐王。生死存亡的危局下，昭宗只好同意。诏加李茂贞为"尚书令"、晋爵岐王。尚书令作为唐朝最特殊的官职，自李世民在唐高宗在位时期担任以来，两百多年闲置不用，因为这个官职有与皇位沾边的嫌疑。唐代宗时为酬郭子仪平定安史之乱的奇功重新起用，被郭子仪坚辞不敢受。李茂贞敢堂而皇之地贸然领受，可见皇权的威严已衰弱至极。

在这样的危急关头，作为宰相的崔胤仍将所有注意力放在宦官那里，自始至终，崔胤"诛杀宦官，贯彻到底"的方针从未动摇，他自觉没有实力，决定外檄大臣，于是矫诏令朱温再度领兵入京，尽诛阉竖，此举恰如当年何进召董卓。当时朱温势力已大，"自蒲、陕以东，至于海，南距淮，北据河，诸镇皆为朱全忠（朱温）所有"，这份矫诏令让朱温找到了兴兵的借口。

朱温来时，在长安屁股还没坐热的昭宗又一次被大宦官韩全诲劫持，逃亡至凤翔投靠李茂贞。朱温在后劲逐，随即围城一年多，李茂贞坚壁不出，城中粮草缺失，饥民相食，昭宗三度遭罪，每天磨一点豆麦度日，接着吃人现象普及开来，人肉以斤值百钱，狗肉比人肉贵五倍，以斤值五百钱，充当御膳。

.在天道沦丧的情况下，李茂贞于天复三年（公元 903 年）放弃了盟友韩全诲，于正月杀韩全诲等宦官，将众宦官的头伙同唐昭宗一齐送出城，朱温见状，挟天子返京。历经劫难后的昭宗无可奈何地对业已权势滔天的朱温说出那句话："宗庙社稷是卿再造，朕与戚属是卿再生。"

唐昭宗的命运已不由自己，大唐的命运已不由自己，而远在河西正磨刀霍霍的归义军，以及那一腔热血仍想做一番事业的张承奉，又将何去何从？

西汉金山国的建立与覆灭
张氏归义军的终局

天祐元年（公元 904 年）四月，被唐昭宗御赐为"回天再造竭忠守正功臣"的朱温逼迫唐昭宗迁都洛阳。车驾在途经华州（陕西华县）时遇百姓夹道呼万岁。昭宗流着眼泪对众人说："别喊万岁，朕不再是你们的君主了！"

在大唐将死的边缘，归义军节度使张承奉还在励精图治，踌躇满怀地酝酿着收复河西的大事。

朱温篡逆，冻杀唐昭

唐昭宗迁都的车驾迤逦东行，回首长安，已成一片废墟。朱温下令尽毁长安宫室及民间庐舍，取其木材扔进渭水之中，长安百姓一时间皆成丧家之犬，老幼相扶，哀声遍野。

在兴德宫暂住时，唐昭宗知道唐廷大势已去，对侍臣说："俗话说：'纥干山头冻杀雀，何不飞去生处乐。'我现在漂泊流离，不知道最终会落脚在哪里。"话音未落，泪落沾襟，左右都不敢抬头看他。后来，"冻雀唐昭"专指穷途末路的帝王。

这一路上，唐昭宗眼看着山河破碎，自知已无力回天，堂堂一个帝王，甚至连衣食住行都由不得自己。朱温以"清君侧"的名义边走边杀，等到了洛阳，昭宗身边的小黄门、近侍内臣等二百余宦官已被诛杀殆尽，就这样，困扰了大唐百年之久的宦官之祸与藩镇之乱，以这种方式彻底解决。唐昭宗起初尚且不能分辨，过了良久才发现，左右前后的从人皆被替换成梁人（朱温的人）了。

时年四月，抵达洛阳的唐昭宗在朱温的逼迫下第七次改元，将天复四年改为天祐元年。

六月，岐王李茂贞、西川王建、天雄节度使李继徽（杨崇本）等人传檄天下，合兵勤王。然而，这个组合本身就不靠谱，虽然不能称之为乱臣贼子，但也绝非什么忠志之士。李茂贞、王建割据一方，平日就不把昭宗放在眼里，李茂贞的尚书令等职位，就是生生从昭宗处要来的。此时天下大乱，只是出于自身利益考虑叫得响亮。李继徽就更不是什么不贰之臣，他本名叫杨崇本，因早先在李茂贞势大时认作义父，连名带姓改叫李继徽。在天复三年（公元 903 年）朱温围困凤翔时，畏惧朱温兵威，请降，改回本名叫杨崇本。这回勤王他参与进来，纯粹是因为朱温命他镇守邠州，以其妻子为质，而后却贪图其妻美貌，占为己有。"（杨）崇本妻美，（朱）全忠私焉。"杨崇本这才与朱温反目，又改回义子之名李继徽，派人去李茂贞前义正词严地询问："唐室将灭，父何忍坐视之乎！"

于是几大藩镇一拍即合，鼓噪声浪，要救驾勤王，以图匡复。此举可苦了唐昭宗。

朱温听到消息后，主动出兵西进，要趁大兵未集结，先一步击溃这群乌合之众。出兵前，为防止唐昭宗在洛阳后方生变，狼子野心的朱温终于迈出弑君这一步。

天佑元年（公元 904 年）八月十一日壬寅夜，心中苦闷的唐昭宗借酒消愁，早早睡去。忽然，朱温所部蒋玄晖和史太率领一百来人毫无征兆地径直入宫，言有军事奏报，河东夫人裴贞一见状问询："急奏为什么带兵？"被史太刀劈。随后众人闯入椒兰殿，由于昭宗左右都已是朱温的人，因此无人阻拦。只有昭仪李渐荣大声喝阻，昭宗闻声而起，穿薄衣绕柱，却避无可避，被史太杀害。昭仪李渐荣伏身保护，也被杀死。

昭宗死时，时年 38 岁，在位十六年。

史书上对唐昭宗的评价，随着时代的不同褒贬不一。

《旧唐书》上对他不吝溢美之词，说昭宗"神气雄俊，有会昌之遗风"，能在先朝威武不振，国命浸微的情况下，尊礼大臣，详延道术，以图恢复唐朝国力，号令天下。"即位之始，中外称之。"《新唐书》称他"为人明隽，初亦有志于兴复，而外患已成，内无贤佐，颇亦慨然思得非常之材，而用匪其人，徒以益乱"。

而到了北宋时期，对昭宗的评价发生反转，北宋史学家范祖禹、官员胡寅等人认为，唐之将亡，就好比人得了必死之疾，纵然秦和、扁鹊这样的名医来救，也未必能救活，何况是庸医用妄药攻之，所攻非疾，所疾不攻，岂不加速死亡？唐朝的大势，到了唐懿宗、唐僖宗手里，就乱到极点了，但不至于一定灭亡。而唐昭宗辨急轻佻，欲速见小利，始任张濬，终任崔胤，后期斥逐言责之臣，杜绝谏争之路，自蔽耳目，长养奸谀，加速了唐朝的灭亡。这些都是他失政的表现，因此不是明君。

到了明清时期，思想家王夫之等人对昭宗的批判就更加严厉，认为唐昭宗轻躁而无恒，被自己的情绪牵引喜怒，"闻一言之得，而肝胆旋倾，幸一事之成，而营魂不定"。是个可惊可愕之人，疑心病重，想一出是一出，怪不得被天下耻笑。而昭宗却不自知，骄傲自满以为自己很厉害。"以一往之情为爱憎，自取灭亡。"几可称为昏君，因此身死国灭成为意料中的事。

结合众多史料客观地看，唐昭宗接手时的唐朝，已经在唐懿宗和唐僖宗的祸乱下行将就木。昭宗上位后还是干了一些实事的，比如从宫廷做起，带头一改奢靡之风，夜寐英贤以获得知识分子的认可，面对宦官专权和藩镇割据两大难题，他下定决心彻底解决的态度也没有错，只是急于求成，在没有做足准备的情况下，基座不稳就多线开战，导致一有变故就手足无措，被宦官和藩镇驱来赶去，如浮萍之草，始终受制于人。

昭宗一死，大唐已在实际上亡国。朱温将年仅 13 岁的李柷立为傀儡皇帝，史称唐哀帝，这也是唐朝的最后一任皇帝，在位仅三年，被朱温逼迫逊位，禅让于他。

公元 907 年，朱温建立后梁，唐朝彻底灭亡，五代十国正式开启。

白衣金山，国号西汉

在中原纷纷乱乱时，归义军所在的瓜、沙之地也不断遭遇回鹘等政权的袭扰，张承奉一边韬光养晦准备反击，一面出使中原寻求支援。然而，等到归义军朝贡使张保山返回敦煌，带回来的却是山河易主的消息。

张承奉与归义军拒不承认朱温建立的后梁朝廷，仍旧以亡唐为正朔，坚持使用大唐天复年号，甚至使用干支纪年，被后梁称之为"乱"（"张奉以沙州乱"）。

公元 909 年，归义军节度使张承奉眼见大唐复国无望，决定自立，不久后，在瓜沙大族的支持下，张承奉进王为帝，建立西汉金山国，自号"金山白衣天子"，加"圣文神武"之尊号。

西汉金山国建立于四蕃合围之中，政治所辖可谓有限，然而白帝张承奉却踌躇满志，试图建立一个强大的西北强国。西汉即西部汉人之国，"金山"指的敦煌西南境的"金鞍山"，古时为楼兰、于阗与吐谷浑分界之岭，即今甘肃、青海、新疆三界之交的阿尔金山，古代敦煌人将金山与三危山视为护卫敦煌的两座神山。又据传统的五行观念，西方属金，其色白，敦煌又有金地之称，故名西汉金山国，张承奉也自称白帝。

既已建国，在制度上就要有一国的样子。政治方面，西汉金山国仿效唐朝的三省六部制建立了中央集权的百官制度，百官之长是宰相，吏部尚书亦挂宰相衔，还设有类似中书省的机构和御史台。同时，也创设了一些具有地方特色的机构，如鸿胪寺和伎术院。鸿胪寺负责接待周边少数民族首领、使节。伎术院行使太常寺职能，负责典礼祭祀、阴阳占卜和天文历法等事务。

军事方面，西汉金山国实行军镇制度，调整了军镇的布局，以应对以回鹘为首的诸部族的威胁。

宗教方面，佛教占据统治地位，张承奉也支持佛教发展，但对寺院活动进行干预，并改变了僧官制度。世俗百姓的剃度需要得到政府的批准，以避免劳动力流失。

文化方面，西汉金山国鼓励世俗之作，多以诗、歌、碑、状等文学形式，记录张承奉统治时期的重要事件，其中《白雀歌》《龙泉神剑歌》《沙州百姓一万人上回鹘天可汗状》等，成为后世研究这一时期归义军活动的重要参考资料。

民族方面，虽然部分少数民族散居在西汉金山国，但都已逐渐汉化。

外交方面，西汉金山国制定了与吐蕃、吐谷浑和于阗结盟，共抗回鹘的基本战略。

与此同时，为了加强自己的法统地位，张承奉效法古代帝王登基时天降祥瑞的故事，命人写下《白雀歌》，言称自己建立金山国是承白雀之瑞，膺周文之德，歌曲赞叹他："上禀虚符，特受玄黄之册，下副人望，而南面为君。继五凉之中兴，拥八州之胜地……"

做完了这一切，张承奉信心满满，准备干一番大事业，他不满足于只在瓜、沙二州盘桓，而是要继承祖志，恢复对整个河西的统治。

东西开战，结亲于阗

此时，张承奉首先考虑的，是打通外部对瓜、沙二地的拘禁与束缚。朱温已篡唐，西汉金山国与中原后梁处于互不承认的敌对关系，朱温称张承奉为乱，张承奉称朱温为贼，往来通

164

信的必要性不大，因此金山国要求打破的封锁在其他方向。

其时丝绸之路南道不通，通往塔里木盆地南缘的于阗国、璨微国（仲云人建立的小国）的路被"戎虹"、蕃丑和部分西州回鹘控制，这部分部族的总部在楼兰一带。

根据初定的国策，张承奉要联合于阗抗击回鹘，往来通信是必要且必需的，于是张承奉诏令宰相罗通达、先锋张良真等人，点精兵一千，以急行军长途奔袭楼兰。面对"关山迢滞，皆迷古境长途"的艰难，罗通达等人只用了二十天，便兵临城下，旋即大破楼兰三城。又乘胜北上，来到雪岭之南、伊吾之北，想要一鼓作气收复伊州。虽然未能克获，却使得"凶徒（西州回鹘）胆裂"。

楼兰之捷与伊吾之胜，算是西汉金山国的西部战事，这大大鼓舞了金山国全体军民的士气，并被认为是国威远扬的前兆。克获楼兰后，张承奉在楼兰恢复了唐朝时期的石城镇建制，派兵驻守，同时动心起念，准备进一步开疆拓土。

根据《龙泉神剑歌》的记载，金山国要"东取河兰广武城，西取天山瀚海军"，此时大唐已亡，吐蕃在休养多年后又在河西南部死灰复燃，北面的达怛逐渐崛起壮大，歌中提到的广武城、瀚海军，在东、西甘州回鹘、西州回鹘的掌控之下。与唐昭宗削藩、除宦官时的手法一样，张承奉也犯了自大冒进的错误，他决定东西并进，同时开战，而要同时开战，他就必须采取远交近攻的策略，寻找一个可靠的同盟。

于是张承奉"结亲只为图长国"，主动求娶于阗国公主，以联姻的方式拉拢盟友。这个方式被后来归义军的继任者曹议金学会，并习至"上乘"境界，暂且按下不表。

在结亲之后，张承奉觉得西汉金山国的后方有了倚仗，再也没人能阻止他收复河湟的脚步，于是挥师东西并进，向甘州回鹘和西州回鹘开战。

早在唐亡梁兴政权交替之际（公元907年左右），张承奉与甘州回鹘的关系就降至冰点，尤其是后梁建立之后，甘州回鹘第一时间遣使赴梁称臣，而张承奉以其祖张议潮等为唐输忠至死不渝的精神，当然不可能向后梁称臣；相反，他所率领的归义军轻蔑后梁，以朱温为篡唐逆贼。根据记载，甘州回鹘至少三次遣使赴后梁告状，称"沙州，梁开平中，有节度使张承奉，自号'金山白衣天子'"。在后梁的支持中，甘州回鹘西侵之意日盛。甘、沙二州之间，彼此斗合，互生仇恨。《龙泉神剑歌》中记载的关于金山国与甘州回鹘的重要战役就有四次。

第一战是肃州金河之战。公元910年秋，西汉金山国远攻肃州，在金河东岸遇到甘州回鹘的强力阻击，大将浑鹞子一马当先被困敌阵，却力战不退，勇将阴仁贵匹马入阵，救出浑鹞子。后被回鹘反扑，无功而返，退回敦煌。

第二战是敦煌城周之战。西汉金山国被甘州回鹘衔尾而来，一路逐逼至沙州境内，兵临敦煌城下，城东、城西、城北三面受敌。张承奉亲自披挂上阵，带领金山国全部军队一万人与回鹘在千渠三堡一带展开决战，《白雀歌并进表》中提到，此战中金山国文武皆兵，宋中丞、张舍人一类文官也参与了作战，才得以保全敦煌城，击退回鹘。

第三战是便桥之战。学者陆庆夫认为，便桥为沙州城东之桥，而学者冯培红则疑此处的便桥或是借用唐太宗时，东突厥进攻长安附近的便桥即行退兵的比喻，并非具体地名。因为此战也取得了一定的胜利，金山国上下齐心共同抗敌，甘州回鹘在"便桥"被击退，阴仁贵因勇猛在此战后被擢升为金吾卫将军。

这一战的胜利，再一次冲昏了金山国君臣的头脑。歌中唱道："藩汉精兵一万强，打却甘州坐五凉。东取黄河第三曲，南取雄威及朔方。通同一个金山国，子孙分付坐敦煌。"宰相甚至怂恿张承奉改年号，挂龙衣，举行修筑天坛、祭拜南郊的仪式。然而，这些意淫的歌颂和行动没能阻止羽翼已丰的回鹘攻势，金山国的国力，已在数次大战后损耗殆尽。

在回鹘卷土重来之前，张承奉派遣罗通达前往吐蕃求援，金山国的形势，岌岌可危。

可汗是父，天子是子

公元 911 年七月，西汉金山国迎来最后一场与甘州回鹘的大战，此战发生在敦煌城下，根据《辛未年七月沙州百姓一万人上回鹘天可汗状》的记载，此战是由回鹘可汗之子李狄银领兵犯境，双方"两刃交锋，各有伤损"。

然而，这"各有伤损"的一战，却成为西汉金山国的灭国之战。显然，西汉金山国战败了。连年用兵，致使沙州"沿路州镇，逦迤破散"。

不用说，回鹘身后，是中原后梁这座靠山，反观西汉金山国，则在一个孤立无援的窘境之下。于阗国在盛时是好的盟友，但无奈地处偏远，又国力不足，在战时却帮不上忙，而被张承奉求援的吐蕃更不可能卷入金山国与回鹘的战争。一来是七十年前，张承奉的乃祖张议潮就是在吐蕃手里光复的西北，并且将吐蕃残部逐出河湟，这么算起来，吐蕃与张氏家族之间有些世仇；二来是坐山观虎斗，更符合吐蕃的利益。

在外无援军，内经不起消耗的情况下，张承奉权衡再三，决定不再以沙州军民的性命作为赌注与回鹘火并，他选择请和。

宰相、大德僧人出城，叩拜迎接狄银，狄银为了折辱张承奉，要求他亲自出城叩拜，才同意和谈。

为了让张承奉免于这场羞辱，城隍、耆寿（德高望重的老人）和百姓再三商量，以"可汗是父，天子是子"为理由说服狄银：如果狄银肯接受和谈，金山国将派遣宰相、耆老、高僧、贵族正式持国信与设盟文书前往甘州，等函书下发之日，天子（张承奉）将望东而拜天睦可汗，这才是符合情理的顺序，哪有未拜其父，先拜其子的道理？

狄银见目的已达到，方才作罢。在"父子之国"的条件下，引兵而还。

面对"万姓告天，双眼滴血"的场景，张承奉承袭祖志，东荡西除的雄心壮志彻底破灭。不久后，成为甘州回鹘可汗的儿皇帝的他，在满腔抑郁中将西汉金山国改名为西汉敦煌国，用意只驻守一方祖地。

乾化四年（公元914年）夏，西汉敦煌国在张承奉手中走向衰亡，从建国至覆灭，仅仅持续了五年时间。

沙州长使曹议金取代了张氏家族在沙州的地位，成为新主。历史迎来新的分割点，从天下大势来看，大唐灭国，进入与大宋交替的五代十国时期，而从归义军的角度来看，张氏归义军时代走向终局，曹氏归义军时代正式开启。

曹氏上位
归义军最后的辉煌

公元 914 年，沙州长史曹议金取代了张氏家族在瓜沙地区的统治，旋即取消西汉敦煌国的国号，恢复了归义军建制，以权知归义军兵马留后的身份总领瓜沙州事。彼时的敦煌，陷在一种"四面六蕃围，目断望龙墀"的窘境之中，"讨番开路"或是婴城固守，看起来都并非良策，归义军此时，要走一条别开生面的路。

谯郡曹氏，昭武九姓

根据曹议金修建的莫高窟第 98 窟绘列壁画中，张氏家族成员绘像在所有姓氏里人数最多的情况可以推断，这场曹氏代张氏的权力交替相对和平。壁画中，张议潮画像被绘列在此窟第一身供养人曹议金的对面，因曹议金娶了索勋的女儿，索勋又是张议潮的女婿，因此，曹议金称呼张议潮为"外王父"（外祖父）。

曹议金本名叫曹仁贵，在权知兵马之后，改名叫曹议金。关于曹氏家族的族属问题，史学界有不同看法。《曹良才邈真赞并序》中称，曹议金与其兄曹良才乃是亳州谯郡曹氏之后。谯郡曹氏系中原大姓，即三国末期的曹魏皇室，魏文帝曹丕曾封谯郡为陪都，与许昌、长安、洛阳、邺并称"五都"，根据这个记载，曹议金的先祖因为"官停龙沙"在敦煌扎根。

又有史学家认为，谯郡曹氏后裔的说法或是曹议金为抬高曹氏家族地位的攀附现象，他们或出于西域昭武九姓中的曹氏，是粟特人的后裔。

粟特人即人们素知的胡人，善于经商，长期往来于中亚与中国之间的丝绸之路上，在于阗文献中，"suliya"一词即是商人的意思。粟特昭武九姓，以安、康为主体，包括曹、安、史、康、石、罗、白、米、何，康国粟特善胡旋舞，石国粟特善柘（zhè）枝舞，史书上被人熟知的安禄山、史思明、康进德、曹令忠、何伏帝延、米芇等，皆为粟特人。

四面六蕃围，目断望龙墀

曹议金接手瓜沙之后，经过深思熟虑，做出这样的判断：西汉敦煌国虽冠以国号，但所辖不过二州之地，所率不过万人之众，夹在达怛、吐蕃、回鹘之间艰难求存。

达怛、吐蕃这类政权，地缘纵深非常广阔，胜而能进，败也有退守之地，其身后要么是人烟稀少的西藏高原，要么是辽阔无垠的漠北草原，反观敦煌，困守一隅，退无可退。至于与回鹘的作战，之所以功败垂成，是因为回鹘的背后有中原王朝做靠山，因此最理智的做法是再通丝路，取得与中原王朝的联系，获得册封，抱上大腿。虽然大唐已亡，昔日强大的人心思唐的主体精神支柱已然崩塌，但相对而言，河西的人心依然奉中原王朝为正朔。

曲子词《望江南》唱出彼时敦煌的窘境："敦煌郡，四面六蕃围，生灵苦屈青天见，数年路隔失朝仪，目断望龙墀。""目断望龙墀"能看出瓜沙军民对朝廷的切望。

曹议金贯通中原的想法与张议潮等人不谋而合，只是再通丝路的方式却与张议潮等人大相径庭。有了张承奉穷兵黩武以致理想破灭的前车之鉴，曹议金认为以战开路不是一条良策，瓜、沙二地在之前与回鹘的战争中元气大伤，"沿路州镇，逦迤破散"。他决定另辟蹊径，走一条别开生面的新路——姻亲。

曹议金的姻亲队伍，遍布了整个河西。在上位之前，他就娶了索勋的女儿，与索氏、张氏攀上关系，随后又娶了广平宋氏家族的女儿，家族地位稳步上升。上位之后，就更是将姻亲政策运用得出神入化，奉行"谁挡路，我就跟谁联姻"的策略。

　　他取消了西汉敦煌国这个树大招风的国号，恢复了原本的归义军建制，跟张淮深等人一样，先是自称归义军节度兵马留后，再请求朝廷正式册封。

　　可这时候问题来了，谁是朝廷？谁是中原王朝呢？如果沿袭之前张氏归义军家族一心向唐的评判标准，此时主政中原的后梁必是篡唐的反贼，可大唐已亡的事实不可逆转，归义军本身又内外交困。在五代十国的乱局下，曹议金决定果断抛弃张氏家族对亡唐固有的执念，对于中原王朝的认定变成了，谁主政中原，谁就是朝廷，谁就是中原王朝。

　　确定了这个理念，贯通中原就势在必行。为了防止甘州回鹘不断劫掠使团，阻断归义军与中原王朝的往来，曹议金主动向甘州回鹘处求婚，迎娶了天睦可汗的女儿。回鹘公主入沙州后，曹议金将她的地位尊于索、宋二夫人之上，沙州百姓都尊称其为"天公主"。

　　哄好了公主，曹氏归义军与中原的道路畅通大半。曹议金立马派出使节，于后梁贞明二年（公元916年）遣使朝贡，过了甘、肃诸州，至凉州时被嗢末劫掠。同年，契丹可汗耶律阿保机称皇帝，国号契丹，建元"神册"，国人称他为天皇帝，即后日的辽太祖。

曹议金派遣的首批使节被阻，只好在次年又派使节绕路出发，在朔方节度使韩洙的帮助下，归义军使团抵达梁都开封。这一行与张议潮在大中年间派遣使节迂道驰函和大唐通信的情况何其相像。

至贞明四年（公元918年）七月，曹议金被后梁加封为金紫光禄大夫、检校尚书左仆射等官职。

中原的风云变幻莫定，曹议金接受后梁册封后没几年，晋王李存勖（李克用之子）在天祐二十年（公元923年）在魏州称帝，同年灭后梁，定都洛阳，改元"同光"，史称后唐。

曹议金在得知中原革鼎的消息后，没有为后梁哀悼，甚至没有丝毫犹豫，即刻派遣使节前往后唐朝贺，同时请求朝廷授予旌节。李存勖初登大宝就见到远在边陲的归义军使节山迢路远前来归附，龙颜大悦，当即诏令授予曹议金节度使旌节，总领瓜沙等州事务。

血脉所至，姻亲开路

任期之内，曹议金对联姻政策的运用，可谓出神入化。

在他所建莫高窟第98窟中，现存二百余身僧俗同列、男女并存的供养人画像。其中曹议金一家女眷的绘相提名后，皆用小字标注着"出适某氏"的字样，以注明该女眷出嫁的家族。

在瓜沙二州内部，除了自己迎娶索、宋二位大族夫人外，曹氏女眷纷纷上阵，曹议金的姐姐第十一小娘子嫁给了瓜州刺史慕容归盈，妹妹第十七娘子嫁给了马步军都指挥使罗盈达，女儿第十小娘子嫁给了节度押衙充壮武将军阴子升。曹议金的儿子娶了阎氏家族的女儿。其余女眷男丁，分别与李、索、宋、翟、陈、张、邓等族通婚。敦煌大族中，没有曹氏血脉触及不到的地方，这让人丁凋零的张氏家族再无复归的希望，同时也稳定了曹氏对归义军的长期统治。

在瓜、沙二州之外，曹议金的姻亲同样广布，张承奉只结亲了于阗一国公主，就将该事迹写在歌里传唱，特别注明"结亲只为图长国"，颇有种强调自己捐躯赴国难的喜感。但曹氏不但与于阗结亲（曹议金之女嫁给了于阗国雄主李圣天），更要与甘州回鹘结亲。在莫高窟第100窟中，曹议金除了绘制自己的统军出行图，还绘制了甘州回鹘天公主李氏的出行图，哄好了自家夫人，曹氏归义军与甘州回鹘的关系进入蜜月期，此时曹议金与回鹘英义可汗仁美之间虽然仍以父子相称（"父子之国"的城下之盟），但在实际上，已逐步将屈辱的不平等关系淡化。二人同时获得后唐庄宗的册封，分立沙、甘二地，互不侵犯。

然而，要彻底扭转"父子"关系，还需要一场战争。

东征回鹘，一雪前耻

同光四年（公元 924 年），与归义军交好的英义可汗仁美去世，其弟狄银继位为新可汗，狄银正是公元 911 年进攻西汉金山国并迫使张承奉签订屈辱的城下之盟的回鹘主帅。

他上位之后，立马改变了与归义军政权的和平关系，开始劫掠归义军与中原之间的使团，"教乱劫剥，政此不放"，曹议金通过姻亲政策经营了十年才确保畅通的河西东路，再次被阻断。

《儿郎伟》中义正词严地言明，河西是汉家旧地，甘州回鹘扼守在河西中部，不时闭塞东路，阻断汉家边关与中原的往来，实在猖獗。

遇到这种情况，曹议金没有犹豫，立马做出反应，于当年十一月亲自披挂兴兵，东征回鹘。

这一战，韬光养晦了十年之久的归义军一路打至回鹘都城张掖，取得大捷。单从《庆德邈真赞并序》中看马步军指挥使曹盈达一人的功绩，就能知道归义军的行军轨迹之广。曹盈达东静金河，北清玉塞，匹马单枪威立张掖河边，轮刀仗剑建功焉支山下。战场的辗转，从张掖至玉门、酒泉，一路东进至甘、凉二州的焉支山下。

归义军上下人人用命，势要报当年城下之仇，如节度押衙浑子盈这种在张承奉手下参加过敦煌保卫战的将领，更是身先士卒，先后参加了张掖之战、玉门之战、肃州之战，最终在肃州城下为报君主之深恩，战死于阵前。

从史料上可知，此次归义军对回鹘的东征分为两个阶段。

张掖之役属第一阶段，归义军打得相对轻松，或许是面对昔日的手下败将，狄银托大，所以被同仇敌忾的归义军一战击败，逐至焉支山方才归还。

本以为通往中原王朝的道路会再次畅通，可甘州回鹘不甘败绩，卷土重来，纠合达怛对归义军进行强力反扑，于是归义军慷慨迎敌，对回鹘发动第二战。玉门、肃州两个战场的战役，即发生在第二阶段。

第二阶段的战役相当惨烈，有了达怛支持，甘州回鹘势在必得，大军直取归义军治下的玉门，归义军奋勇抵抗，"玉门破敌，血满平田"，经过血战，归义军大败回鹘。随后乘势东进，在酒泉战胜回鹘可汗狄银。

狄银慌乱之下，派遣王子献礼投降，请求罢兵休战。归义军终于一雪前耻，废弃了当年的屈辱盟约，正大光明打通了河西道。"汉路当日无停滞，这回来往亦无虞。"

狄银于战败后郁郁而终，归义军节度使曹议金扶持了回鹘阿咄欲继任为新一任回鹘可汗，又运用惯用的姻亲策略，将自己与天公主李氏所生女儿嫁给阿咄欲。

这样一来，曹议金反而成了回鹘可汗之岳父，一改十几年前"可汗是父，天子是子"的耻辱局面，将爸爸和儿子的位置颠倒了过来。

多边外交，睦邻友好

曹议金对甘州回鹘的军事胜利，给归义军带来了数十年平稳发展的机会。为了防止自身再度陷入单边外交或孤立外交的窘境，曹氏家族果断扩大了对外交流的渠道，采用多边外交策略，修复与邻国的关系。

首先是于阗国，曹氏沿袭了张承奉和于阗国的姻亲，将其常态化，变成世代通婚的邦交传统。如前文所述，曹议金于公元934年嫁女给于阗国主李圣天，曹氏获封"大朝大于阗国大政大明天册全封至孝皇帝天皇后"，地位尊崇。此举间接促成了于阗国与中原王朝的邦交。

公元938年，于阗国主李圣天遣使马继荣供奉红盐、郁金、牦牛尾、玉石等物至中原后晋朝廷，后晋大喜，遣使册封李圣天为大宝于阗国王。双方使者往来都要途经敦煌，曹氏归义军在中迎送，成为朝廷和于阗国交洽的桥梁。后来的曹氏归义军节度使沿袭了姻亲传统，如曹元忠、曹延禄都曾迎娶于阗国公主为妻，而于阗国王尉迟达磨等人，也曾派遣使团至敦煌，求娶归义军节度使的公主。

其次是西州回鹘，曹议金认清了主要矛盾，在集中火力痛击了扼守东道的甘州回鹘后，并未将战火引向西面。相反，归义军与西州回鹘缓和了长期紧张的外交关系，在贸易上互通有无，在文化上加强交流，在宗教上往来不绝。

瓜、沙二州的商人受到政府鼓励，积极与西州进行贸易，他们将敦煌和中原的丝绸贩运至西州，又从西州带回西域的官布、褐等物在敦煌售卖，敦煌故市焕发昔日的光彩。与此同时，西州与敦煌的僧众往来传法，根据记载，西州僧在经过敦煌时，会得到归义军府衙的资助，西州回鹘的都统大德也与归义军僧官之间交往甚密，莫高窟中的彩塑和壁画、供养人题记等，记录了这一时期敦煌的经济与民生。佛教，成为一种特殊的沟通形式。曹氏归义军与西州回鹘的交好，保证了丝绸之路西线的畅通。

还有达怛诸部，河西达怛具体来源尚不明确，根据史料推断，达怛原本是漠北回鹘汗国属部。漠北回鹘灭亡后，达怛随之西迁，于唐末、五代时期游牧于河西走廊一带，主要活动于额济纳地区，与甘州回鹘脉脉相通。早期为回鹘牧牛，后来逐步壮大，以国为姓成为"达家"。（"传曰，契丹旧为回纥牧羊，达怛旧为回纥牧牛。"）如前文所述，曹议金东征回鹘时，达怛就曾帮助甘州回鹘反扑玉门，被归义军击败。

在一段时间内，归义军与达怛的关系或战或和，背后都有甘州回鹘的影子。曹议金击败甘州回鹘后，与达怛的关系也相应缓和，曹氏归义军曹元忠或将姊妹嫁给达怛王室，称为"国亲连叶"。在曹氏归义军后期，达怛与归义军通使颇为频繁，互通贸易，达怛人向敦煌出售野马革、箭矢武器等物，于阗国去往达怛的使臣，也要经过敦煌修整补给。

至于敦煌西面以仲云（"云仲云者，小月支之遗种也"）部为主的南山诸部族，归义军对其或战或和，和时则互通使者，经贸往来。当南山部劫掠河西道人畜物资时，归义军便出兵剿灭，《张明集写真赞并序》中记载："南山偷路，公乃先行。对阵临锋，前荡后出。"

这种灵活的多边外交政策，让处在夹缝中的曹氏归义军恢复了生机，并逐步走向繁荣。公元935年，曹议金去世，曹议金与甘州回鹘天公主李氏所生长子曹元德继位，任归义军节度副使，曹元德派遣使者将此消息传往中原后唐，上贡请求册立。此时的后唐，岌岌可危。

燕云流落，五代终结

清泰三年（公元936年），后唐河东节度使石敬瑭反唐自立，为获得契丹支援，答应割让燕云十六州给契丹，认比自己小十岁的契丹皇帝耶律德光为父皇帝，自己则称为"儿皇帝"。

在契丹出兵协助下，石敬瑭南下灭后唐，建立后晋，定都汴梁，改元"天福"。天福三年（公元938年），石敬瑭依照之前的许诺将燕云十六州割让给契丹，此举对后世影响极为深远。燕云十六州是中国北部的天然屏障，囊括了中原最重要的关隘要塞。幽、蓟、瀛、莫、涿、檀、顺七州位于太行山北支的东南方，称为"山前诸州"，其余云、儒、妫（guī）、武、新、蔚、应、寰、朔九州在太行山的西北，称为"山后诸州"，一旦失落，以长城为主的防御体系就横遭破坏，契丹的疆域直下长城，华北平原再无天险可守。自此之后，中原地区门户大开，贻害四百余年，以农耕文明为主的中原王朝，在应对以游牧文明为主的北方民族时再无优势，不仅是契丹，也为之后的女真、蒙古诸部铁蹄南下创造了条件。

在占据了燕云十六州后，契丹的势力急剧扩张，成为当时唯一能与整个中原王朝分庭抗礼的政权，甚至反压中原一头，像一柄悬在北方的利剑，随时能大举南侵。面对风雨飘摇不断变更政权的中原王朝和日渐强大雄踞北方的契丹，归义军的外交策略再次发生变动，节度使曹元德决定多抱一条更加稳固的大腿，于是派遣使者，朝贡契丹。

彼时，契丹（后改国号为"大辽"）仍旧视归义军为"敦煌国"，而非中原王朝的一个藩镇，于是曹元德决定让归义军两面称臣。一方面在联通中原后晋时，仍旧以归义军的藩镇身份自居，奉朝廷为正朔，在此期间多次促成于阗国与后晋的朝贡往来。另一方面在联通契丹时，又以敦煌国的主权国家身份对契丹进行朝贡，主权地位与后晋并列。

这样"辗转腾挪"的外交策略与苦心经营，让归义军得以平稳发展了数十年。至曹元忠时期，新设会稽、新乡二镇，将原本的六镇扩增至八镇，在内守阶段将势力范围稍做扩张。

在曹氏归义军稳步经营瓜沙的这段时间，中原的主人变了又变。割让燕云十六州的做法没有给儿皇帝石敬瑭带来长久稳固的江山，反而膨胀了契丹的野心，加速了后晋的灭亡。

　　石敬瑭即位后战战兢兢，对外，石敬瑭卑辞厚礼，以事契丹，除了每年给契丹岁贡 30 万布帛，还时不时向父皇耶律德光敬赠"好奇之物"以示讨好，车队相继以道，致使后晋积贫积弱，民怨四起。对内，诸藩镇认为石敬瑭乞怜外族，尤耻其天子臣于契丹、以父礼事他国之君的做法。离得远的藩镇如归义军等，同侍二主；离得近的藩镇，屡屡反叛。虽然石敬瑭致力于积极改革，如"推诚弃怨，以抚藩镇；训卒缮兵，以修武备；务农桑，以实仓库；通商贾，以事货财"，可是收效甚微，石敬瑭郁郁而终。天福七年（公元 942 年），其养子石重贵继位登基，随即表示不再向契丹称臣，并下诏书声称要"先取瀛莫，安定关南，次复幽燕、荡平塞北"。耶律德光闻言震怒，契丹铁蹄长驱直下，灭了后晋，享国仅仅十二年。耶律德光也在开运四年（公元 947 年）于汴梁的后晋皇宫中称帝，改国号"契丹"为"大辽"。

　　后晋灭亡之后，河东节度使北平王刘知远在太原称帝，建立后汉，后汉在辽军北还后收复中原。没有几年，郭威在后汉隐帝刘承佑时起兵反叛，夺取皇位，建立后周。后周显德七年（公元 960 年），赵匡胤发动陈桥兵变，黄袍加身，接受周恭帝禅让，建立北宋，进入十国割据阶段。

从唐天佑四年（公元 907 年）朱温篡唐建立后梁开始，后梁、后唐、后晋、后汉至后周经历五代，不过五十三年。这五十三年中，归义军内部经历了一次由张氏至曹氏的平稳交接，瓜沙地区的社会日趋安定，从动荡不安走向繁荣富足。但这样的情况并未持续很长时间，一支名为定难军的队伍逐步崛起，新的危机正在悄然酝酿。

第十五篇

十三代而亡

归义军覆灭与定难军崛起

北宋咸平五年（公元 1002 年），在归义军的历史上，是个非同凡响的转折年。稳定了八十年之久的曹氏归义军政权内部陡生变乱，节度使曹延禄被害，曹延禄的族子曹宗寿继位，这场变乱注定了归义军在河西之地不可挽回的衰落。

同年，一支名叫定难军的队伍，正在河西的东头以一个不可阻挡的态势急速壮大，并在不久的将来，成为侵吞整个河西的最后赢家。这支定难军，就是日后与大辽、大宋分庭抗礼的西北王朝——西夏。

公元 1030 年，最后一任归义军节度使曹贤顺被回鹘人所杀，其弟瓜州王曹贤惠率千骑东奔，此时，定难军李元昊的大军正款款西来。这是一场仓促的、关于宿命的交接。

归义衰落，定难崛起

故事还要从唐僖宗时候说起。唐广明元年（公元 880 年），冲天大将军黄巢攻陷长安，唐僖宗李儇在逃出京师的同时发檄讨贼。这时，一支"窃据宥州"的党项部族看准时机前来勤王，这一行为弥合了该部与唐廷长久以来的不良关系，累卵之危下，唐僖宗充分肯定了该党项部的靖难行为，赐军号"定难军"，厚赏其首领拓跋思恭。

这个拓跋思恭自咸通年间占据宥州，权知夏绥银节度使，一直是大唐的心腹之患，但苦于时局的混乱，一直无力大范围征讨。到唐僖宗时期，拓跋思恭因勤王之故，在中和三年（公元 883 年）黄巢之乱平定后，被赐姓李氏，称李思恭，加封为夏国公，统银、夏、绥、宥、静五州之地，拓跋部也一跃成为党项族八姓中最强大的部族。此时远在瓜沙的归义军，正在"二十年苦求节度使旌节以安河西军情"的张淮深时期。

李思恭之后，其弟李思谏袭兄长之位，接任定难军节度使。至此，拓跋李氏世袭罔替的割据生涯正式开启，并趁着大唐的衰亡一路扶摇直上，迅速崛起。

时隔不久，大唐进入灭亡倒计时。乾宁四年（公元 897 年），李茂贞兵变，唐昭宗奔逃华州，以华山为险抵御叛军，唐廷又发讨贼檄文，定难军再次出动。其时，定难军所据五州之地，正好处在河西走廊东部尽头、长安西北部，西进则入河西，东进则入中原，京师的大小事情，也算能凑得上热闹。但中原想要将其服剿，又要走一段路程，这个地理位置放在军力衰弱的晚唐，恰恰是一块生发之地。在大唐不断的藩镇叛乱中，靠着勤王和与朝廷讨价还价，李思恭又为其弟李思孝求得"保大军节度使"之职，权知鄜（fū）、延诸州州事，与银、夏诸州相互呼应。

为了讨伐李茂贞，定难军节度使李思谏修书向朱温求援，李思谏遂与朱温勾结，将夏州变为朱温据天下的一处根据地，吴广成的《西夏书事》评价为："（拓跋）李氏变节之始。"

朱温篡唐建立后梁之后，由于拓跋李氏与朱温关系甚笃，定难军与归义军在五代时期的开局可谓天壤之别。

归义军节度使张承奉坚定地不认可后梁的统治，坚决沿用唐朝年号直到信念破灭，建立"西汉金山国"自立。而拓跋李氏则获得后梁支持，封定难军节度使李仁福为陇西郡王，开始了"李氏封王之路"。到李存勖灭后梁建后唐，后唐为了局势的安定拉拢定难军，又加封李仁福为朔方王，定难军实力进一步壮大。及至后唐稳定，想要讨伐这支悬在西北的利剑已来不及。后唐的大军数次无功而返，拓跋李氏则从中窥知了中原王朝的真实实力。

天福元年（公元 936 年）石敬瑭求助契丹帮他灭后唐建后晋，出卖了燕云十六州给契丹，导致中原门户从此大开。此举遭到后晋各藩镇的强烈鄙夷，导致石敬瑭郁郁而终。他的养子后晋出帝继位后，吸取了养父遭人唾弃的经验教训，与契丹反目，封定难军节度使李彝殷为契丹西南面招讨使。

及至后晋被契丹灭国，耶律德光堂而皇之地在后晋皇宫里即位称帝，改国号大辽，定难军的外交政策，开始与归义军不谋而合。此时天下格局已变，大辽不比之前的藩镇，因据有燕云十六州，成为唯一能与中原王朝分庭抗礼的巨型政权。定难军，就夹在这两大政权之间。

后汉、后周以及往后的十国期间，定难军与曹氏归义军很像，都采取着左右逢源的外交政策，韬光养晦，积聚实力。

由于地理位置的优越性，五代后周政权为了拉拢定难军，于显德元年（公元954年）正月加封李彝殷为西平王，李彝殷叛汉归周，正式接受西平王的册封。

陈桥兵变，棋差一着

建隆元年（公元960年），赵匡胤发动陈桥兵变，回京逼迫后周恭帝禅位，建立北宋，结束了五代乱局，开启了"先南后北、先易后难"统一十国的事业。赵匡胤先后剪灭荆南、武平、后蜀、南汉以及南唐等割据势力。

在此期间，定难军第一时间前来归附，节度使李彝殷作为少有的异数，以协助北宋南征北讨为条件暂时保全了藩镇，但定难军的危机也发生在这个阶段。

演义小说《说岳全传》中借陈抟（tuán）老祖之口，描述了宋太祖赵匡胤及其弟宋高祖赵光义的文治武功，夸赞他二人："莫道世间无真主，一胎生下二龙来。"称赵匡胤以一根杆棒，两个拳头，打成四百座军州，创立三百余年基业。创业之初，"战士不过数万，而能北御契丹，西捍河东；以其余威，开荆楚，包湖湘，卷五岭，吞巴蜀，扫江南，服吴越"。一直到荡涤海内，再造太平。

因他出生行伍，又是兵变上位，所以对节度使拥兵自擅的问题极为在意，曾通过两次"杯酒释兵权"，解决了困苦大唐百年的禁军自重及地方藩镇问题。曹氏归义军孤悬河西暂且不论，而党项拓跋部悬在头颈之侧，不可能不做收复，只是在等一个合适的时机。未等到时机，赵匡胤就遭遇扑朔迷离的"烛影斧声"之变，其弟宋高祖赵光义即位。

太平兴国七年（公元982年）五月，宋太宗赵光义命定难军李继捧献归"银、夏、绥、宥、静"五州之地。李继捧确实率领族人奉命进京，但他的族弟李继迁却怒而北去，纠集了大批羌族势力在夏州东北三百余里的地斤泽安家立命。一面与南山党项野利氏通婚，笼络党项其他姓氏部众；一面通联大辽组建反宋联盟，并向辽圣宗耶律隆绪求婆义成公主。积攒了部分力量后，卷土南下，进攻夏州。

面对李继迁的攻势，宋太宗赵光义棋差一着，竟然再授其兄李继捧为定难军节度使一职，赐名赵保忠，权知业已收归的五州之地。李继捧返还夏州，如鱼入海。至宋真宗初登大宝，李继迁重新向北宋上表言归附之事，此时北宋与大辽的战争已持续良久，以宋真宗贪图苟安的性格，本就不愿节外生枝，便复赐李继迁为"夏州刺史，充定难军节度，夏、银、绥、宥、静等州观察处置押蕃落等使"等职，五州之地自此从大宋疆域中脱离。

在这段定难军发展壮大到差点覆灭到兵回故地的日子里，瓜、沙二地的曹氏归义军相对稳定地困守一隅，以兄终弟及父死子替的方式进行着节度使交替。

清泰二年（公元935年）曹议金去世，其子曹元德继任节度使，四年后曹元德去世，其弟曹元深代掌归义军，又过五年曹元深卒，其弟曹元忠继位。曹元忠执政三十多年，从五代十国末期一直到北宋开宝七年（公元974年），先后向后周、北宋等中原王朝遣使建交。曹元忠故去后，其侄曹延恭短暂执政两年，曹元忠之子曹延禄继位。如此顺位历经曹氏七代，保境安民，护佑瓜沙。

咸平五年，转折之变

时间来到文首中提及的咸平五年（公元1002年），这一年，对于归义军和定难军来说，都是一个转折之年。

归义军内部发生变乱，曹延禄被叛军所迫自杀身亡，归义军第十二任（曹氏第八任）节度使曹宗寿继位。他在任的十四年时间里，依照曹氏先辈的做法，以求稳为核心发展归义军，然而此时归义军内部的回鹘化现象已非常严重，求稳逐步变为"求存"。

与归义军的动荡恰恰相反，定难军节度使李继迁于该年集结重兵攻陷灵州（宁夏灵武西南，今宁夏吴忠市），杀灵州知州裴济。李继迁以其先祖在五代后汉时期获爵位西平王，自己又受辽朝册封西平王为由，改灵州为"西平府"，将定难军的核心迁移此地。

灵州地处夏州之西，正是丝绸之路东口，扼西陲之要害，唐时朔方节度使驻于此地。公元 756 年，唐肃宗李亨在安史之乱后北还至灵州登基，据灵州号令天下，命郭子仪与李光弼等将讨击安禄山叛军，灵州成为军事重镇。又因为处在交通要冲上，贸易发达，物产丰美，李继迁认为此地"北控河、朔，南引庆、凉，据诸路上游，扼守西陲要害。若缮城浚濠，练兵积粟，一旦纵横四出，关中将莫知所备"。

有了西平府这个根据地，定难军的扩张野心空前膨胀。定难军东北是大辽，东南是大宋，这两个政权都是难以撼动的庞然大物。于是自然而然将扩张的目光，顺势投至各族林立已近羸弱的河西走廊。

此时的归义军与定难军，一个在河西走廊西头，一个在河西走廊东头，遥遥相望，但胜负已分。其间隔着甘州回鹘、凉州嗢末与青唐宗哥。

制订好了计划，定难军李继迁当即率领大军西进，轻而易举占领西凉府，正当他志得意满时，新任宋朔方节度使吐蕃首领潘罗支以诈降伏击，李继迁身中流矢，逃回西平而亡。

宋景德元年（公元1004年）李继迁之子李德明即位于枢前，嗣夏王位。此人早年随父东奔西走，出奔地斥泽，建立西平府，政治头脑敏锐，外交手段高超。他在位时完美地做到了依辽附宋，将"二臣之子"的好处发挥到极致。

他刚上位，宋辽之间便发生了一件大事——"澶渊之盟"（公元1005年），这个盟约结束了宋辽长达二十五年的战争。为了防止宋、辽腾出手对付自己，李德明先是遣使向辽国献上父亲李继迁的遗物，随后又遣使将归附的誓表放在北宋盟府（掌管保存盟约文书的官府）之中，痛陈这是父亲李继迁的遗命。

于是在两年内，李德明先是被辽圣宗封为西平王，后又被宋真宗加封为西平王，兼检校太师兼侍中、持节都督夏州诸军事、行夏州刺史、上柱国、定难军节度使，夏、银、绥、宥、静等州管内观察处置押蕃落等使，赐银一万两、绢一万匹、钱两万贯、茶两万斤，并允许在保安军设立榷（què）场。

等到其母去世，宋朝册封李德明镇军大将军、右金吾卫上将军员外置同正员，其他官职一切如故。宋朝派去吊唁的官员被李德明以礼乐迎至其母枢前谢恩。

在这样条件优渥的外交环境下，李德民已无后顾之忧，即刻举兵西进，兼吞河西，并将毕生精力贯注于此。在吞并河西的过程中，李德明的儿子李元昊闪亮登场。

归义军方面，自曹宗寿上位之后，瓜、沙二地的沙州回鹘势力已十分强大，甚至在《辽史》中把归义军与沙州回鹘混为一谈，至曹宗寿之子——最后一任归义军节度使曹贤顺继位，就更与沙州回鹘脱不开关系。《辽史·圣宗纪》有三条关于曹贤顺遣使通辽的记录，无一例外，曹贤顺都被直接称呼为"沙州回鹘敦煌郡王曹（贤）顺"。

根据史料推测，沙州回鹘或脱胎于龟兹回鹘，被庞特勤东迁至瓜沙二州南缘，依附于甘州回鹘，在曹氏归义军与甘州回鹘换道交好期间得以进入瓜、沙二州游牧。为保持与中原的联系，归义军一直对沙州回鹘采取绥靖政策，以至于其逐步壮大，渐呈无法控制的势头。这一点，跟定难军与北宋的关系极为相像，曹延禄政变身亡或与沙州回鹘有直接关系。在沙州回鹘坐大的同时，归义军的内政外交均遭到渗透，衰亡成为迟早之事。定难军的西来，加速了这一过程。

宿命相望，归义覆灭

李德明与长子李元昊对河西的吞并，先是从甘州开始，前后历时二十年，六战而克。

李元昊六伐甘州，五伐皆败，看似回鹘占了上风，但决定战争的因素很多。比起战役得失，战略才是制胜关键。李元昊没有因为暂时的失败而放弃对甘州回鹘的作战，他在打消耗战，因为他清楚，甘州之地，在北有大辽施压、西有归义军消耗的情况下，已成外强中干的瓮中之鳖。

李元昊虽败，但有大宋在后孜孜不倦地输送家资，而甘州回鹘常年来与归义军互相消耗，国力远没有定难军雄厚。定难军东来，甘州回鹘腹背受敌。终于，在公元1028年，李元昊攻破张掖，进而占领甘州，一举消灭甘州回鹘。

吞并甘州后，李元昊领兵折返，攻克了畜牧甲天下的凉州，回鹘势孤不能拒，遂拔其城。拓跋部在河西的势力，已经无法阻挡。

在取得甘、凉二州之地后，定难军的势力范围扩大为银、夏、绥、宥、灵、盐、甘、凉八州之地，李德明正式立李元昊为太子，明示了称帝之意。

定难军的崛起正应了"广积粮，缓称王"的过程。与赵匡胤当初订立的企图从大辽处买回燕云十六州的策略相仿，宋真宗也认为大力发展经济才是王道，希望可以用钱消弭兵祸，不料却养虎为患，成就了一个庞然大物。

甘州回鹘的灭亡丝毫没有减轻归义军的压力，反而因其余部向西逃窜，导致甘州回鹘与瓜、沙二州的沙州回鹘合流，回鹘势力迅速壮大，一个窃据瓜、沙归义军之地以复国的计划酝酿成形。

公元 1030 年，李元昊自西而来，最后一任归义军节度使曹贤顺被回鹘人所杀，其弟瓜州王曹贤惠无力抵抗，率千骑东奔。

归义军以千骑残众面对定难军的万骑雄师，仿佛是一场宿命的对望。一个照面之后，这个一度纵横河西、延续十三代节度使、存在了一百八十年之久的归义军政权，宣告灭亡。

想当年，张议潮起兵于微末，率领归义军自西而东，誓心归唐，救河西百姓于水火之中，虽然壮志未竟，却掀开一篇波澜壮阔的历史鸿篇。山河残破之时，忽有一群志士结伴而起，振臂高呼，复国土四千余里，得户口百万之家，使得"六郡山河，宛然而旧"。但到了归义军日暮途穷之际，远远见到烟尘四散，是李元昊率领的定难军自东而至，兼吞河西。

人无再少，时不再来。近两百个春秋飞逝，归义军挺过了日薄西山的晚唐，挺过了乱象丛生的五代十国，挺至北宋中期，大势已去，非人力可以挽回。

宋景祐三年（公元 1036 年），西夏王李元昊攻陷瓜、沙、肃三州，河西之地尽归西夏，归义军（公元 848—1036 年）彻底退出历史舞台。大约在同一时间，记载着这段历史的文献典籍被封存在莫高窟小小的藏经洞，随着藏经洞的封闭，湮没于时间的沉沙之中。

正如江淹在《恨赋》结尾处对世事的感慨："已矣哉！春草暮兮秋风惊，秋风罢兮春草生。绮罗毕兮池馆尽，琴瑟灭兮丘垄平。自古皆有死，莫不饮恨而吞声。"

唐王朝"复地四千余里，得户口百万之家，六郡山河，宛然而旧"，这种精神是值得肯定的。

比权量力，西夏建国

纵观归义军与定难军的发展历程，有相同之处，也有本质区别。

相同之处在求存方面，两个政权都曾有过强敌环伺而自身实力较弱的阶段。在这个阶段中，归义军与定难军不约而同地在外交上奉行了左右逢源的政策。

不同之处首先体现在二者的地理位置方面，定难军拥"银、夏、绥、宥、静"五州之地，后据灵州，恰好在丝绸之路东口，毗邻中原王朝，处于大国交界之所。这个位置貌似更加凶险，却反而给处在夹缝中的定难军一部分归义军难以企及的发展机会，周边的强势政权对定难军的拉拢态度绵延数朝。

譬如，后汉恢复残破的中原后，为笼络拓跋部，皇帝刘知远将静州分封给定难军。后周建立后，因与北汉争夺定难军的归附，不断加重筹码至封拓跋部为平西王。至北宋大辽之争阶段，就更加一发不可收拾。作为辽与宋的缓冲地带，两个朝廷对定难军采取的都是名义上统属，实际上放任的策略。辽宋均对这个夹在他们之间的藩镇估量不足。大辽贯彻绥靖政策，默许其做大，令其"西掠吐蕃健马，北收回鹘锐兵，然后长驱南牧"。而宋朝则更加夸张，时常给定难军供给钱粮，尤其是宋真宗动辄赏赐"银一万两，钱两万贯"的做法，无异于以资钱粮，助其东进。这为定难军积攒了相当殷实的家道，以至于李元昊奉父之命侵吞河陇时，六伐回鹘纵然五败，仍能不伤国力；出兵讨伐吐蕃时，能发兵两万五千之众。

反观归义军在鼎盛时期，收复凉州也只能发动七千人众。张承奉建立的西汉敦煌国与甘州回鹘作战四场，在有胜有败的情况下已元气大伤，至回鹘兵临敦煌城下，张承奉亲自上阵，统御所有兵马，不过一万人。

相比定难军，中原王朝对归义军的支持，可谓聊胜于无。定难军加官动辄进至王爵，而归义军连个节度使的称号，都很难保全。从白手起家至收复河湟至艰难求存至最终没落，孤悬西北的归义军在戍卫河西期间得到过朝廷最大的支持，无非是名义上的册封，这还是通过不厌其烦地万里请节跋山涉水求来的。张淮深时期，请节二十年才获得节度使旌节，但拿到旌节的那一刻，也为他埋下了杀身之祸。因为朝廷册封之中包含着令人细思极恐类似推恩令的分化政策，直接导致了"兄弟阋墙、竖牛作孽"的惨剧。

笔者认为，这种对待差异产生的根本，与归义军和定难军所处的地缘位置和生产方式都有很大关系。

本质上，归义军是以中原汉族为基础的政权，以农耕文明为主体，效法唐制，安土重迁。定难军则以党项羌族的游牧民族为主体，擅长打来去如风的游击战，游牧部族的特点是剽比抚难。所谓汉难匈奴，唐苦突厥，对游牧部族的作战，往往吃力不讨好，需要耗费与收益不相匹配的巨大人力、物力，纵然国力强大也不能尽克。大军一至，旋舆大漠，大军刚走，死灰复燃。自安史之乱之后，中原王朝实际上就已经失去了这样驱亡逐北的能力。

所以历朝历代不惜以不断加重砝码的方式豢（huàn）养了这支地居要害的拓跋部族，五代时曾有过对定难军的讨伐，都无功而返，中原王朝也就放弃了对拓跋部的远袭征剿。尤其是在后晋石敬瑭割让燕云十六州给契丹（大辽）之后，中原门户从此大开，让北宋寝食难安的唯一劲敌，变成了辽国，更不想节外生枝，所以眼看着定难军乘风而起，摇身一变成为一方无法辖制的庞然大物。

坐大后的定难军回忆起在宋高祖赵光义时差点被覆灭的情况，更加居安思危，西扩寻找生存空间的需求越发迫切。

再从民族认同上看。归义军政权自始至终从心理上认为自己是个汉族政权，以张议潮沙州起义为发端，他的毕生使命就是恢复故土，将河西之地复归大唐的怀抱。后来继任的张氏归义军节度使也牢记此训，为肃清河湟不惜抛头颅、洒热血。至大唐倾覆，张承奉不认可篡唐的后梁政权，短暂建国，但以"西汉"为国号，还是想建立一个汉族政权。及至数年国灭，曹氏取代张氏后，又重新恢复了故唐归义军建制，继续奉中原王朝为正朔。纵然曹氏归义军的族属有粟特族昭武九姓的说法，可是从曹氏自己的身份认同上，他们更愿意相信自己是中原谯郡曹氏之后。

在这一点上，拓跋氏建立的定难军或许不这么认为。根据《宋史》记载，定难军拓跋氏虽在唐时被赐姓李，在宋时被赐姓为赵，但是其心未必臣顺。"虽尝受封册于宋，宋亦称有岁币之赐、誓诏之答，要皆出于一时之言，其心未尝有臣顺之实也。"

因此，在平定了甘凉诸州后，李元昊一旦觉得时机成熟，即大辽与北宋对定难拓跋部已无能为力，便立马称帝，建立了西夏国。这种建国方式与张承奉时期眼见大唐复国无望没有正朔可依时的建国有本质上的不同。

公元 1038 年，李元昊正式称帝，建立西夏王朝。史籍对其当时的疆域概括为："东尽黄河，西界玉门，南接萧关，北控大漠，地方万余里。"

伤心国史，藏经洞闭

关于归义军的大部分史料、敦煌遗书等，都被封存在莫高窟藏经洞里，所以在之后将近千年的时间长河中，世人对归义军所知不过《资治通鉴》等中原正史中只言片语的史事钩沉。宋朝以后，至元明清各朝，鲜有史学家对这段历史有过还原面貌的具体描画。

直到公元1900年（大清光绪二十六年五月二十六日），道士王圆箓在清理莫高窟第16窟积沙时（一说是王圆箓雇用的敦煌贫士杨果在16窟磕烟斗时，觉有空洞回音，疑有秘室），意外发现了封存于墙壁后的秘密，凿开了命定的藏经洞，继而石破天惊，使得这段封存了千年之久的历史重见天日。

洞内佛教经卷、社会文书、刺绣绢画、印本、法器等文物琳琅满目，涉及汉文、藏文、梵文、龟兹文、粟特文、突厥文、回鹘文、康居文等语种，总计5万余件，多是无价之宝，与殷墟甲骨、明清内阁档案大库、居延汉简一起被称为"中国古文献四大发现"。

但由于极度缺乏保护意识，在官方不重视、王道士无知的情况下，大量无价之宝遗失海外，英、法、日、俄等国探险家打着考古旗号，轮流从王道士手中巧取豪夺，骗走大量文物典籍，造成文化史上的空前浩劫。

先是英国探险家斯坦因于公元1907年至敦煌，以少量马蹄银骗走藏经洞敦煌写本二十四箱、绢画等物五箱。公元1913年重返敦煌，又从王道士手中取走570余件敦煌写本，加上其他敦煌文物，共计2万余件，现藏于英国博物馆、英国图书馆和印度事务部图书馆等地。

法国人伯希和接踵而至，于公元1908年到敦煌，对全部洞窟进行编号、记录，从王道士手中买走6400余件写本，加上其他绢画等文物，共计1万余件，现藏于法国国立博物馆。由于伯希和精通汉语，所以挑走的文物都是最有价值的，包括许多归义军时期的重要文献。公元1909年秋天，他挑选了少量敦煌写本经南京至天津、北京展览，中国学者罗振玉等人参观后"惊喜若狂，如在梦寐"，才开始敦促清廷重视，下令将藏经洞中残卷运往京师，但沿途被各地官员层层盘剥，窃取无数，更有甚者将经卷一分为二或一分为多以掩盖偷窃行径。

再之后日本、俄国相继而来，日本探险队取走经卷四百余卷，俄国人奥登堡盗走文物一万二千余件。等美国华尔纳带领美国哈佛大学考古调查团于公元1924年抵达敦煌时，好东西已所剩无几，于是他们用胶布以近乎野蛮的方式粘走了莫高窟中唐代壁画精品十余幅。

后世学者总结，敦煌文物"藏于英国者最多，藏于法国者最精、藏于俄国者最杂、藏于日本者最隐秘，藏于中国者最散最乱"。因此，陈寅恪在给陈垣撰述的《敦煌劫余录》作序时，痛心疾首道："敦煌者，吾国学术之伤心史也。"

由于敦煌文献的七零八落，现已无法明晰归义军后期的发展历程，以及藏经洞的封闭原因。只能根据现有史料，大致猜测一个结局。

关于藏经洞的封闭原因，目前有这样几种推断。一是避难说。避难说中又分"东、西之乱"，东乱说的是公元1030年左右为避西夏李元昊大军东来之乱，瓜、沙二州危如累卵，僧人们为躲避战乱保存典籍，将大量经卷文书、铜佛法器封于藏经洞内。西乱说的是归义军为避喀喇汗（黑汗）王朝之乱。该王朝在第三任大汗萨图克·博格拉汗时改宗伊斯兰教，于公元1006年灭了归义军世代姻亲的盟友于阗国，由于信仰不同，黑汗王朝所过之处毁寺逐僧，实行信仰同化，让敦煌僧众恐慌不已，于是封闭藏经洞。

第二种说法是废弃说，在"崇圣尊经"观念的影响下，非整部大藏或制作完美的经卷，可视为报废之物，在印度等地有将佛经残卷或过时圣物封存埋藏的传统。因此，这种说法认为藏经洞内的藏品或是佛教废弃物。除此之外，还有末法思想存经说、书库改造说、佛教供养物说、与吐蕃遗留有关说等猜测，本文中将不做展开。

总之，藏经洞一经封闭，就是千年之久。封闭其中的敦煌文献，包括《史记》《汉书》《国语》《晋书》《三国志》的残卷等，还有关于归义军的史料文献。

在现存的莫高窟洞窟中，张氏归义军开凿了约60个，曹氏归义军开凿了约 55 个，归义军时期的莫高窟壁画呈现出极高的艺术价值。如张议潮与其父张谦逸，一心供养莫高窟第 156 窟；张议潮兄长张议潭与子张淮深，以及被经常提及的《张淮深碑》（《敕河西节度兵部尚书张公德政之碑》）在莫高窟今第 94 窟中；曹氏归义军第一任节度使曹议金及其夫人回鹘天公主，绘列于莫高窟第 61 窟。

这些莫高窟中残破的壁画、字迹模糊的碑文、气势恢宏的统军出行图，佐之遗落四海的敦煌遗书，得以让诸多史学家皓首穷经，滴滴点点钩沉出河西归义军的峥嵘史事。

弹指间沧海桑田，这段波澜壮阔的英雄故事，尽归于漫漫黄沙。

一振雄名天下知
历史坐标中的张议潮和归义军

第十六篇

河西沦落百年余，路阻萧关雁信稀。

赖得将军开旧路，一振雄名天下知。

——《张淮深变文》

张议潮领导的沙州起义，对河西地区摆脱吐蕃奴隶主的掠夺和奴役起到了决定性的作用。作为起义的领袖人物，张议潮理所当然得到了世人的高度评价。唐宣宗在诏书里称赞他是"窦融西河之故事，见于盛时；李陵教射之奇兵，无非义旅"。其实，窦融、李陵的背后，都有一个强大的中原政权。反观张议潮起兵之时，四面皆敌，孤立无援，他所面临的困难，要比窦融之辈多得多。故而人们称赞张议潮"坐筹帷幄之中，决胜千里之外。四方犷捍，却通好而求和；八表来宾，列

203

阶前而拜舞。北方猃狁，欻少骏之駃蹄；南土蕃浑，献昆岗之白璧"，实在是位盖世英雄！

在敦煌莫高窟中，至今尚保存有一幅《张议潮夫妇出行图》，原作高 120 厘米，长 1640 厘米，是晚唐时期壁画艺术的杰作。图画描绘了张议潮收复河西以后，与妻子宋国夫人一起出游的盛大行列。图中不但有盛大的车骑随从和旗仗卤簿[1]，而且还有百戏、仗乐、猎狩及人物的绘画，前呼后拥，极为壮观。从这一幅气势浩大的图画中，我们也可以看出这位英雄人物的形象。

诚然，历朝历代都有英雄人物，但在封建时代，张议潮完全称得上是一个异数——以一己之力收复河西后主动向中原王朝输诚归附，这在中国封建时代的历史上实属罕见。诚然，历史上并不是没有地方政权和平归附的例子，在张议潮之前，有岭南冼夫人主持归附隋朝；在张议潮之后，也有清源军[2]（今福建南部）与吴越国主动向北宋"纳土"。但这些事例，只是地方割据势力"识时务"的表现。岭南不降，难阻隋师，清源不服，能敌宋军？后果其实一目了然。但张议潮的情况跟他们截然不同，在张议潮收复河西之后，唐朝除了置军设使，以官爵羁縻之外，根本没有能力经营河西。十一州虽然归复唐朝，

---

[1] 古代帝王驾出时扈从的仪仗队。
[2] 五代十国后期的一个割据政权。

但宣、懿两朝都无暇顾及边政，只是名义上存在政府职官而已。张议潮若不主动归附，归义军政权凭借"西尽伊吾，东接灵武，得地四千余里，户口百万之家，六郡山河，宛然而旧"此等规模自立，李家朝廷又能有什么办法？

从这个角度看，张议潮归唐倒是有点类似南诏王异牟寻弃蕃归唐。只不过南诏虽然表示"牟寻曾祖父开元中册云南王，祖父天宝中又蒙册袭云南王。自隔大国，向五十年。贞元中皇帝圣明，念录微效，今又赐礼命，复睹汉仪，对扬天休，实感心肺"，但异牟寻本人从来安居南诏，又岂能与张议潮"束身归阙"，留质京师相提并论呢？

另一方面，自张议潮于大中初年光复河陇至唐末，归义军张氏凡历三世近六十年。张议潮首创大义，使沦落百年之久的河陇地区人民摆脱了吐蕃奴隶主的残酷统治，屡次击败了吐蕃与回鹘等族的掳掠，维护了河西各族人民生命财产的安全。自张议潮收复河西以后，一直到唐朝末年，河西人民能够免于周边少数民族统治阶级的奴役，这应当归功于张议潮和他的后代。

遗憾的是，张议潮固然在河西重振了大唐声威，但这个唐王朝，已然衰弱不可复振。起自河北安史旧地的藩镇割据，犹如恶性肿瘤一般扩散到中原腹心……距离河西重归版图不过半个多世纪，朱温代唐，中原进入"五季之酷"的乱世，更是无暇顾及孤悬河西一隅的归义军了。正是在这样的混乱局势下，河西历史经历一个短暂的插曲，即由"归义军"改制而来，以敦煌为中心的"西汉金山国"。关于建立它的起因与意图，敦煌学者中有一种颇为独特的见解，认为它的建国并不是针对中原王朝的，而是针对回鹘、吐蕃、羌、浑等周围少数民族贵族。当时这些政治势力不断对河西敦煌地区进行蚕食，阻断了敦煌与中原、西域的正常交往，敦煌已经陷于"四面六蕃围"的"孤岛"状态。从这个意义上说，金山国的建立并不是脱离中原王朝的分裂割据行为，而是张氏政权奋起自救自振的行动。虽然这一尝试很快失败，但"归义军"作为一个汉人地方政权的地位，却一直持续到北宋中叶，最后亡于李元昊的西夏铁骑——这正是 20 世纪 80 年代的经典史诗电影《敦煌》所讲述的故事。

归义军先后历经张、曹两姓氏族统治时期（中间还有一个短暂的索勋时期），历时一个多世纪。它的建立与存在，也成功逆转了吐蕃占领后当地出现的"吐蕃化"趋势，也就是所谓"百年左衽，复为冠裳；十郡遗黎，悉出汤火"。就行政区划而言，张议潮恢复了唐朝旧制，重建中原地区实行的"州县-乡里"制度和城坊制度。在恢复并改进乡里制的同时，归义军也恢复了唐前期实行过的城坊制度和坊巷的称谓。与此同时，归义军政权废除吐蕃时期的户籍、土地、赋税制度，重新登记人口、土地，按照唐制编制新的户籍，制定新的赋役制度。在新税制下，赋税的名目主要有官布、地子和柴草三项。张议潮也废弃了吐蕃时期的僧官制度，恢复了唐朝的都僧统制。一方面解放被吐蕃贬为寺户的良人，恢复他们原来的良人身份，使之成为乡管百姓，以增加归义军的财政收入；另一方面又调查登记寺院财产，设立都僧统司统一管辖，并规定任何人都不得侵夺损毁寺院所属的一切财产、人户。这些规定也赢得了僧侣们的信赖，保持了归义军政权社会的稳定。

此外，吐蕃的统治使得河陇地区的汉文化也受到了很大的冲击。敦煌文献《报恩吉祥之窟记》记载："时属黎氓失律，河右尘飞，信义川崩，礼乐道废。人情百变，草色千般。"张议潮起义驱逐吐蕃守将后首先就"解胡服，袭冠带"。敦煌文书《辛未年七月沙州耆寿百姓等一万①人状上回鹘大圣天可汗书》里记载："太保弃蕃归化，……却着汉家衣冠，永抛蕃丑。太保与百姓重立咒誓，不著吐蕃。"这段文字既说明吐蕃占领之前沙州百姓都着吐蕃衣服，也表明归义军建立后，即着手带领百姓摆脱吐蕃带来的这种影响（文中的"太保"即指张议潮）。这种"去吐蕃化"的行为无疑对恢复河陇地区的汉文化起到了至关重要的作用，使得整个河陇地区在经历吐蕃的长期统治后，恢复与增强了汉民族意识，汉文化得以留存和发展。而这，也正是"归义军"存在的最大历史意义。

---

① 一说是"蔑"。

尾声

收复河湟

第十七篇 熙河开边
收复河湟，中古华夏王朝向西的最后努力①

安史之乱后，河湟、陇右等西北诸州，地入吐蕃，大唐对其失去有效控制。随着唐朝灭亡及五代十国的混战，自顾不暇的中原王朝，既无意也无力去经营西北地区，只能任其孤悬塞外自由发展，遂西北民族逐渐失去对汉文化的认同感。

一直到宋神宗在位时期，中原王朝才开始经略西北河湟地区，但究其最初的拓地原因，还真不是因为宋皇产生恢复汉唐故土那样的雄心壮志，而是迫于西夏问题才不得不顺势而为之。

---

① 熙河开边又称河湟开边，指的是北宋熙宁年间，在宰相王安石的支持下，由王韶主持，宋朝先后收复了宕、叠、洮、岷、河、临（熙）六州的战役。

宋夏对峙中的西北

大唐会昌二年（公元842年），吐蕃末代赞普朗达玛遇弑，吐蕃王朝陷入持续二十多年的内乱，甚至爆发相当规模的"嗢末"大起义，引发吐蕃政权的崩溃。

在这种混乱时刻，西北河陇地区一些势力较大的边将，或拥兵自立，或内附归唐，沙州人张议潮也乘势率众起义，先后收复瓜、沙、伊、肃、鄯、甘、河、西、兰、岷、廓十一州，并于大中五年（公元851年）八月，遣兄张议潭奉十一州户口入唐报捷。当年十一月，唐宣宗置归义军于沙州，任命张议潮为节度使。

获得朝廷认可的归义军又于咸通二年（公元861年）三月，从吐蕃人手中收复凉州，使归义军的势力达到鼎盛。

但是，对归义军心生猜忌的大唐朝廷在对其褒奖的同时，却迫不及待地拆分、削弱归义军，并出兵接管凉州（但很快被嗢末夺取，还阻隔沙州与长安的往来，五代时被吐蕃六谷部控制），甚至征召暮年的张议潮入京为质。

再加上吐蕃统治百年的杀戮和同化，除瓜、沙以外的河西，基本没有汉族势力的存在，都是多民族杂居，汉族蕃化很严重，所以，在面对"河西诸州，蕃、浑、嗢末、羌、龙狡杂，极难调伏"的情况下，失去核心灵魂的归义军很快就力不能支，势力衰落到政令不出瓜、沙，甚至沦为甘州回鹘的附庸，日渐回鹘化，最终被沙州回鹘取代。

到了北宋立国时，混战角逐、自由发展的西北河陇地区形成三大股势力，即甘州回鹘、凉州吐蕃六谷部、宗哥邈川的宗哥族。

初立国的北宋，一方面专注吞并富庶的南方，另一方面要防备来自北方契丹的威胁，因此，宋太祖赵匡胤像前代一样，无暇顾及各自为政的西北蕃部，他只能对诸部豪酋许以世袭，谕以恩信，"取蕃部酋豪子弟为质"，通过羁縻来追求西北的稳定。

不只是宋太祖对西北不以为意，他之后的太宗、真宗，也均没有意识到西北的重要性，任由河陇孤悬，并没有收复的打算。但是，也不要因此就武断地批评赵姓官家们目光短浅，大宋对西北无意是有其客观原因的：

首先，在唐朝灭亡后，政治重心向东方转移，西部的战略地位大不如前也是事实；其次，河陇地区虽然部族林立，但诸部分散不相统一，并没有形成对宋廷有直接威胁的武装力量；最后，也是最重要的，河陇经过蕃族两百多年的同化，"数百年中华衣冠之地，复变为左衽，不能自拔"，所以，当王师驾临时，是不可能出现父老乡亲箪食壶浆以迎王师的动人场面。

正是因为这些客观因素，所谓的"西部无用论"才在宋廷一直占据上风，赵官家把自己在西北的边界就定位在秦州—灵州一线，视河陇为化外之地、"腥膻之域"、"旱海不毛之地"，没有收拢于怀的心思，对来贡献方物的蕃部实施来者不拒、去者不追的"渣男"政策。

所以，宋太宗在收复夏州后不是派兵戍守屯田，而是毁掉夏州迁民于绥、银；而宋真宗则对灵州的弃守举棋不定，终致失陷。即便盘踞银、夏近百年的党项人变成赵官家的肘腋之患后，对于被党项人拉拢的河陇诸蕃，大宋朝廷也只是给予口头上的支持。

那么，与吐蕃"风俗相类"的党项人对吐蕃是什么心思呢？与大宋相反，党项极力想把吐蕃吞食入腹。

因为河陇地区有战争必需的战马，也是宋朝军马的主要供给地。而河湟谷地则是气候相对温和，适宜发展农牧业，是繁衍生息、积累力量的好地方，并不全是宋人眼中的瀚海不毛之地。特别在党项人占据河西走廊后，吐蕃人又开拓一条新的贸易路线——宗哥路，成为联络中亚、西域的陆上商道，党项人自然想把河陇纳入自己的版图。

是以李继迁父子反宋之后，对吐蕃诸部是羁縻拉拢与武力征服两手抓。随着向东无能的党项人向西扩张时，凉州六谷部就首当其冲。面对党项人的虎视眈眈，生存压力越来越大的六谷部只能一面联合甘州回鹘抗击党项；一面主动向宋廷靠拢，希望大宋能牵制党项人的力量、顺便提高他在诸蕃中的威信。

宋廷为了牵制李继迁，也采取以夷制夷的策略，不断册封六谷部以及甘州回鹘，并给予经济资助，结成军事联盟，挑唆他们和党项人互相攻杀，同时还招诱西部缘边地区，甚至西夏境内的"大者数千家，小者百十家""无魁首统摄，并皆散漫山川"的诸蕃部，给予田土，或编制为军，或招募为弓箭手，让他们成为直接和夏军作战的武装力量。

因此，在很长一段时间里，利用吐蕃经制党项，就成为宋廷在西北地区的重要战略方针。但是，因为宋人在思想上始终有蕃人"非我族类，其心必异"的想法，并不能充分信任诸蕃，所以，宋廷仅仅在政治、经济上声援支持吐蕃抗击西夏，却没有在军事上互相配合作战夹击西夏的成算。

六谷部的潘罗支曾数次提出"请王师助击贼"的请求，宋廷都以"西凉去渭州限河路远，不可预约师期"为由拒绝。哪怕潘罗支通过诈降击败李继迁，并促成李继迁死亡后，再次请求宋廷出兵夹击西夏，宋廷依旧在大好良机前犹豫不定，最终坐失良机，还致使潘罗支被李德明收买的叛徒害死，让六谷部势力大为削弱从此走向颓势。当大宋失去牵制西夏的这股重要力量时，宋宰相张齐贤才感叹"向使潘罗支尚在，则德明未足为虞"。

正是宋廷的碌碌无为，才让西北地区更加混乱，等"景德和议"后，宋、夏罢兵，宋廷对河西蕃部的经营越发没有紧迫感，甚至要求诸部各守疆界。西夏劫掠凉州、袭击甘州时，宋廷也只是遣使让他们互为援助，自己仅作壁上观，眼睁睁看着西夏吞噬凉州、甘州。直到元昊称帝建国，宋廷才如梦方醒，意识到不能再任由西夏坐大了。

所以说，北宋对西北河陇地区的经营，最初真的是受西夏问题所迫才为之的。

从刘平的《攻守策》到王韶的《平戎策》

就在元昊在西夏悍然称帝的时节，河湟地区又崛起一股新的势力，即出身吐蕃王族的唃厮啰，他先后摆脱掉两任宗哥族权臣的掣肘，立国青唐，并击败入侵的元昊，打赢青唐保卫战，阻止元昊进军河湟的脚步，改变西北地区的政治局势，使宋廷对他刮目相看。

宋廷为了牵制元昊，继续以夷制夷的政策，以一战成名的唃厮啰为保顺军节度使、兼邈川大首领，并赐他彩帛两万匹，封其9岁的幼子董毡为会州刺史，加封其妻乔氏为永嘉郡夫人，让唃厮啰"背击元昊以披其势"，许诺如果唃厮啰荡灭昊贼，"即当授卿银、夏等州节制"。

对唃厮啰抱很大期望的宋仁宗，甚至封赐和唃厮啰闹分裂的原配妻、子，赐唃厮啰原配李氏紫衣，长子瞎毡为澄州团练使，次子磨毡角为顺州团练使，各赐紫衣、金带、器币及茶，并每月别给彩绢各十五匹，拉拢他们为大宋抗击西夏。

当宋廷封赐唃厮啰一家之际，宝元二年（公元1039年）

闰十二月，鄜延环庆副都部署刘平，在他那篇来不及送给朝廷的《攻守策》中，首次提出右取横山、左联河湟吐蕃（在西夏方位则是左横山、右河湟），钳制西夏的战略计划。

刘平在奏疏中提到唃厮啰对西北局势的重要性，如果西夏"与唃厮啰通和，约契丹为表里，则西北之患，未可测矣"！为了避免唃厮啰倒向西夏，应该授唃厮啰为灵武节度使、西平王，"使逼元昊河外族帐"；再招抚河西部族加以封授，挤压元昊的生存空间。同时招纳洪州、宥州界等横山地区族帐，夺取西夏左厢横山之地，折断西夏赖以生存的左臂，形成左右包围线，到那时，元昊不过是鼠窜河外的穷寇而已。

刘平的《攻守策》还没来得及上报朝廷，他本人就在三川口兵败被俘，不过，他谋取横山、联络河湟以制西夏的先河，还是被后来人吸取并发扬。在仁宗、英宗时代，布衣姚嗣宗、宰执范仲淹、韩琦等先后提出夺取横山的计划，与之配套的就是拉拢河湟吐蕃，这几乎也成为宋朝边帅的间接传统。

西夏自然不能让宋廷的计划得逞，眼看武力征服不了河湟，一面出兵筑城阻隔吐蕃与宋朝相通之路，另一面改为拉拢羁縻，和青唐前权臣温逋奇之子邈川（今青海乐都）大首领一声金龙联姻，又私下和唃厮啰的长子瞎毡联络，并策动唃厮啰所属的擦罗部投夏，充当带路党进攻青唐，结果又被唃厮啰击败并大掠夏境，降服西夏属部陇逋、公立、马颇三大族，要不是契丹派使者送公主与董毡成亲，唃厮啰父子还不会罢兵。

之后，随着瞎毡、磨毡角以及一声金龙相继死去，吞并邈川的唃厮啰、董毡父子再一次名义上一统河湟。

宋治平二年（公元 1065 年）十月，唃厮啰死，董毡嗣为保顺军节度使、邈川大首领、检校司空。瞎征之子木征居河州，瞎吴叱迁居岷州，巴毡角居洮州界，叔侄四人互不统属，唃厮啰子孙之间的矛盾，成为河湟地区的不安定因素，也成为西夏向该地区扩张的契机，与之相对的是，宋廷借助唃厮啰政权的力量牵制西夏的作用则被大大削弱。

这时，"客游陕西，访采边事"的王韶出现了。

适值新君神宗即位之初，王韶赴阙上《平戎策》三篇，发出振聋发聩的呼声："国家必欲讨平西贼，莫若先以威令制服河湟；欲服河湟，莫若先以恩信招抚沿边诸族。盖招抚沿边诸族，所以威服唃氏也；威服唃氏，所以胁制河西也。"

王韶在《平戎策》中提出收复河湟的一系列措施，指出经制河湟的必要性、重要性以及可行性。

如果大宋现在不主动去经略，西夏就要向河湟下手，河湟一旦落入西夏之手，祸患就更大了，吞并河西的西夏"必并兵南向，大掠秦、渭之间，牧马于兰、会，断古渭境，尽服南山生羌，西筑武胜，遣兵时掠洮、河，则陇、蜀诸郡当尽惊扰"。只有大宋收复河湟，才能继续牵制西夏，让其有后顾之忧，而不敢轻举妄动。如今唃厮啰家族内斗纷纷，力量削弱，"唃氏子孙各立文法，汉界远者不过四五百里，近者二三百里""其势岂能与西人抗哉"？正是我大宋"并合而兼抚之"的有利时机，或用武力，或用招抚，只要方法得当，蕃部就可以为我所用，成为大宋的"肘腋之助，且使夏人无所连结"。

王韶的计划让神宗大为振奋，召见王韶询问方略，以王韶管幹秦凤经略司机宜文字，让他去河湟实施他的平戎策略，从而拉开熙宁开边的序幕。

神宗赵顼（xū）是个很有抱负的君主，才即位就"慨然有取山后之志""奋然将雪数世之耻"，有吞灵武、幽蓟之志，"欲先取灵州灭西羌，乃图北伐"。但仁、英时期对河陇、西北地区一直奉行防御政策，陕西转运使薛向上书神宗请求招纳横山地区的族帐、潜攻西夏左厢时，神宗都只能授意种谔秘密行动，以免引起朝臣们的反对。

当种谔攻取绥州后，严重触及西夏的敏感点，为了夺回绥州，西夏先用外交手段未果，又出兵进攻宋朝沿边，游骑甚至深入到庆州城下，九天才退，一度造成"陕右大震"的局面。

宋朝也不甘示弱，从庆州一线还击西夏，并进驻陕北，在绥州城西兴筑罗兀城，增修沿边砦（zhài）堡，最终目的就是要进取横山地区。素来把横山看成自己生命线的西夏急了，发动全力进攻宋军，连陷新筑的砦堡，挫败宋廷图谋横山的计划。

而此时，王韶经略河湟招抚蕃族也初见成效，有个叫俞龙珂的大首领，率所属十二万人口内附大宋，获得赐名曰包顺。

对于初附的吐蕃蕃部，王韶"收其首领，明示约束，使其异日为用"，并选用蕃官和汉官一起管理蕃部事宜。除了招抚蕃部，王韶还建议开垦渭河两岸弃置未耕的闲田，招纳弓箭手；在古渭寨设置市易司，以官钱为本，借给商贾使其与蕃部贸易，以所得利息充作军费。

他在秦州的措施推行得并非一帆风顺，因为屯田和建置市易司等事，就引起不少风波，遭到边帅廷臣的反对，是王安石顶着神宗的疑虑，力排众议支持王韶，并为了王韶先后贬斥李师中、窦舜卿等边帅，让支持变法的韩缜知秦州，升王韶为太子中允。

王韶熙宁开边

熙宁四年（公元 1071 年）八月，神宗设立秦凤路沿边安抚司，命王韶主持安抚司兼营田市易，以高遵裕副之，从此事权归一。王韶更加有条不紊地推行他的平戎策，鉴于吐蕃信佛，还请朝廷派僧人智缘前往蕃部招抚。

随着蕃族连人带地归附大宋事件的频频发生，盘踞河州、洮州的木征兄弟，终于意识到王韶是在"温水煮青蛙"般地吞噬他们的领土，熙宁五年（公元 1072 年）二月，木征愤慨地通过宣徽使、秦凤路经略安抚使郭逵向宋廷提出抗议：王韶和我原有誓约，不取渭源城一带地及青唐盐井，"今乃潜以官职诱我人，谋夺我地"，如果王韶还不停止，我将马上联合董毡来巡边。

因为木征的抗议，又引起宋廷的一场辩论，郭逵反对王韶招纳蕃部，在此之前就曾上书说"西蕃皆脆弱不足收，招纳枉费钱"，如今又替木征转奏抗议及威胁（要联合董毡带军队来交界巡边），并表示自己"智议昏愚"对木征的言行无能裁处、请朝廷定夺。王安石对郭的言行表示讽刺："若知无能，何不早辞？"你前面才说西蕃脆弱，现在木征一句话就让你无能裁处了？若如此岂不是更表明木征强梁可畏？

文彦博一面为郭逵辩护，一面和王安石就该不该用兵西蕃辩论，文彦博认为："自古用兵非得已，今若能服契丹、夏国，乃善，至于木征，不足校（较）计。"王安石说："今所以招纳生羌者，正欲临夏国，使首尾顾惮，然后折服耳。"神宗对王安石表示支持，后来，被王安石批为"小人"的郭逵落宣徽使、改知潞州，省得他聒噪王韶。

随即在同年五月初二，神宗诏以古渭寨为通远军，以王韶兼知军。通远军的建立，表明宋廷的势力在向吐蕃腹心挺进，直接威胁到木征兄弟在熙、河诸州的统治。

仅仅隔了一天，五月初四，神宗、王安石君臣就谈到王韶接下来的步骤——先孤立木征后攻取之。"但令边将先阴厚抚结木征下首领，使其心内乡，又善抚初附，令彼首领见而慕羡，则木征孤特，若取之则取一夫而已，何难之有？木征既取，则董毡、夏国皆知惧，如董毡亦非难取也。"

在宋军亮出獠牙之前，比侄子木征更敏锐的董毡，就已经看穿宋廷的意图，尽管王韶招抚蕃部还没有影响他的直接利益，且宋廷一直对他恩赏有加，赐他衣带、鞍马、食邑，仍然让他产生兔死狐悲的感觉。就在通远军建置之时，董毡放弃以往奉行的联宋抗夏政策，向西夏抛出橄榄枝，为儿子迎娶李秉常的妹妹，并于当年十二月成婚。

神宗接到夏蕃联姻的探报后，向王安石诉说自己的忧虑，吕公弼甚至对神宗埋怨如果不是王韶招纳蕃部，董毡岂能去和夏国结亲？王安石却并不以为意，劝说神宗：洮、河内附，董毡不可能不忌惮，和秉常联姻也是正常，但于边事并不足为虑，只要我们能善待依附蕃人的汉人，使其乐为我用，就算董毡与夏国结亲，也不敢违背朝廷恩信。

五月十二日，王韶奏报朝廷，经过他几年的经略，"已拓地千二百里，招附三十余万口"。王安石向神宗贺喜，说这些被招抚的三十万众"若能渐以文法调驭，非久遂成汉人"。神宗听了很是激动，认为应该早点剪除木征的势力，王安石满口答应"岂但木征，董毡、夏国皆在我所措置而已"。从他们的对话可知，这对君臣最终目的还是想歼灭西夏。

当年七月，宋廷就以木征骄蹇（jiǎn）、让中国使者坐堂下，且"言语悖慢"为由，出兵讨伐他。

王韶进兵非常迅速，进驻渭源城，在秣邦山大破蕃部，击败木征收复武胜军（八月改镇洮军），吐蕃大首领曲撒、四王阿珂出降，瞎药等人弃城夜遁，至十一月归降。随后，王韶又破木征于巩令城，木征退守洮河西岸，其弟结吴延征率手下二十多位大首领降宋。

十月，宋廷升镇洮军为熙州，置熙河路，领熙、河、洮、岷（当时后三州还未收复）及通远军为一路，以王韶为龙图阁待制、熙河路都总管、经略安抚使、兼知熙州。熙河路的设置，使宋朝西部边面扩大，对准西夏右厢建立起一道可以进攻退守的具有优势的战线。

熙宁六年（公元 1073 年）二月二十二日，王韶收复河州，木征败走，其妻瞎三牟、子续本洛投降。王韶又由露骨山南入洮州界，破木征弟弟巴毡角，尽逐南山诸羌。此后入岷州，拔宕州，降洮州，木征的弟弟瞎吴叱、巴毡角率部下大酋长以城降。

同年十月，熙、河之役结束。王韶率大军跋涉一千八百里，收复熙、河、岷、叠、宕等州，"幅员二千余里，斩获不顺蕃部万九千余人，招抚大小蕃族三十余万帐，各已降附"。

当时还闹出个乌龙，坊间传闻说王韶全军覆没，正当满朝忐忑之际，捷报传来，神宗喜出望外，以复熙、河等州，御紫宸殿受群臣贺，亲解所服玉带赐给王安石，表彰他力排众议坚定支持王韶开边的功绩。王韶也从知熙州、枢密直学士、礼部郎中，升为端明殿学士兼龙图阁学士、左谏议大夫。

等开疆拓土的狂欢结束后，宋廷君臣才发现，国朝以来最辉煌的胜利——熙河之役，居然成为朝廷的负担，"自开建熙河，岁费四百万缗，七年以来，财用出入稍可会，岁常费三百六十万缗"，代价着实有点昂贵。

再加上宋、蕃交恶，茶马互市中断，宋朝的战马来源受到严重影响，势必影响军力，而王韶在取得熙河后，不能向青唐邈川再进一步、去实施复河湟断西夏右臂的计划，就有这方面的原因。

更令宋廷头痛的是，联夏抗宋的董毡，派他的悍将鬼章联合木征在洮、河等地区打游击，对吐蕃属部进行策反工作，并于熙宁七年（公元1074年）二月，在踏白城击败知河州景思立，让宋军遭遇熙河开边以来最大的惨败。董毡也因为此战让"西域、于阗等诸国皆畏惮之"。

鬼章和木征还乘胜围河州、寇岷州，大有收复失地的阵势，并向西夏乞援。闻知踏白城之败"羌势复炽"的神宗，揪心得吃不下饭，数次下诏给王韶让他坚守不出，诏岷州高遵裕退保临江，枢密吴充甚至建议放弃岷州，被王安石反对才未得逞。

回京述职走到半道的王韶，听闻景思立之死，疾驰返回熙州收拾残局，破蕃兵于结河川口，断夏国来援木征的通路；进军临宁河，攻击吐蕃占据的要塞；又进驻珂诺城，迫使鬼章溃

223

走，木征窜入南山，河州之围解，前后斩首七千余级，焚二万余帐，获牛、羊八万余口，流窜的木征被迫率酋长八十余人降宋。

收到捷报的神宗大喜，赐手诏嘉奖力挽狂澜的王韶，"将在军，君命所不受。宁河之行，卿得之矣"。

木征投降了，可鬼章并未消停，他高举佛子唃厮啰的大旗，继续在洮州、叠州诱胁属民，严重影响宋廷在这一带建立新秩序，犹如疥癞之癣哽在宋廷的心头。

不过，宋军拿鬼章没办法，鬼章同样也奈何不了宋军。眼看失去熙、河天然屏障的青唐、邈川，已经直接暴露在宋廷武力威胁之下，互市中断对百姓生活影响也很大，而宗哥商道的阻隔对青唐的经济打击则更甚，因此，迫于形势的董毡，开始寻求契机恢复双方关系。

熙宁十年（公元 1077 年）五月，吐蕃大首领隆吉卜诱山后羌侵扰宋军，降宋后成为吉祥物的木征，盛装出阵随军征讨隆吉卜，由于吐蕃人敬畏王族血统，看到木征在宋军中，就失去斗志，宋军不费吹灰之力就斩杀隆吉卜，董毡听说后，顺势遣使入贡并请罪。

被鬼章游击战拖得疲惫不堪的宋廷，也急于结束熙河用兵来缓和财政困难，同时也打破青唐和西夏的联盟。于是，就顺水推舟接过董毡递过来的台阶，双方重新建立友好邦交，宋朝向西经略的步伐也暂告一段落，以董毡为西平军节度使，其养子阿里骨为松州刺史，悍将鬼章为廓州刺史。

从王韶主持的熙河之役可以看出，宋朝对西北河湟地区的政策已经发生根本性改变，神宗之前是以联蕃制夏为主，你进贡我回赐，是友好往来的盟友关系；神宗之后就变成以招纳征略成郡县为主，而以联蕃制夏为辅。被征略的对象就是河、洮诸州的木征兄弟，而被羁縻的对象则是青唐的董毡。

如此转变的目的还是为消灭西夏，宋人想通过切断西夏与河湟的联系，扩大地利，从右翼边境压迫西夏，完成与左翼横山地区形成的伞形包围线。从这一点来讲，王韶无疑是成功了，他开边熙河，的确为北宋制伏西夏打下坚实的基础，哲宗、徽宗时期的对夏战争，多是立足于此。毕竟，大宋经略陇右、河湟地区的本质，就是为歼灭西夏服务的。

第十八篇

元符、崇宁河湟之役
耀兵巡边，飘扬在河湟上空的中原王旗

宋徽宗大观二年（公元 1108 年），宋军从岷州进入洮州南境，四月二十三日收复洮州，五月初三收复积石军，吐蕃王子臧征扑哥率众投降。此后，宋军"师踰青海。至节占城。草头回纥（回鹘）族数万（归命）。官其酋豪。通道于阗。底贡宝玉。而地辟青唐之外矣"（王安中《定功继伐碑》）。

钱伯泉先生就根据王安中这段记载，在《黄头回纥（回鹘）的变迁及名义》一文中声称，《定功继伐碑》中的"节占城"就是"灼昌城"（约昌城），即今新疆且末县。也就是说，按钱氏的说法，宋朝的西部疆域曾一度远至今新疆且末县。

但问题是，钱氏并没有在文中列出他认为"节占城"就是"灼昌城"的史料依据，这未免有些言之无据，使他的论述的

可信度大打折扣。严谨点儿的话，就不能根据钱文认定宋朝的西部疆域曾远至且末（今新疆且末县）。

当然，虽然对宋军是否抵达过塔里木盆地东南边缘的且末县有疑问，但大宋在灭亡的前夕，的的确确控制了唃厮啰政权的疆域，这则是没有任何疑问的。毕竟，大宋可是历经二代三帝的努力，才实现对河湟的完全占领，使"唃厮啰之地悉为郡县"，让安史之乱后沦陷吐蕃三百多年的河湟谷地，再次飘扬起中原王朝的旗帜。

青唐吐蕃的内乱

青唐政权的董毡在北宋开边熙河、丢失名义上的领土后，一度放弃联宋抗夏的国策，去和西夏结盟抗击宋朝，但迫于经济与武力的双重压力，很快就又弃夏从宋。他与宋朝重归于好后，始终站在宋廷一方，宋神宗五路伐夏时，董毡还亲自率军配合宋军行动。

董毡和宋朝的复盟，让西夏接受无能——合着我们家闺女白嫁了？可西夏又拿青唐没办法，为了破坏宋蕃联盟，西夏不惜低三下四向青唐通好，"许割赂硏龙以西地"给青唐，许诺如果和西夏复盟，"官爵恩好一如所欲"；西夏还请契丹遣使青唐为他说和，但都被董毡坚定地拒绝，不但把西夏示好的消息告诉宋廷，还袭击夏军向宋廷报捷。

西夏看说不动董毡，就对宋朝搞离间计，遣人入宋，虚称夏国和董毡相约准备一起入侵宋朝，结果宋朝根本不信，反而把传信人械送给董毡自行处置。离间不成，西夏又试图出兵青唐，但宋神宗直接诏命苗授、李宪备战，并把己方备战的消息通知西夏，梁太后惧而止。

坚决执行联宋抗夏政策的董毡，也有基于自身政权的利益来考量罢了，西夏因为和青唐的经济形势类似，既不能为青唐政权的产品提供广阔的市场，也不能满足青唐国内市场的需求。宋朝则不然。董毡为何向宋朝低头？不就是因为青唐政权的经济发展太过依赖宋朝了。所以，西夏即便是割地求和，也很难打动郎心似铁的董毡。

元丰六年（公元1083年）十月，董毡去世，养子于阗人阿里骨嗣位。由于阿里骨不是王族贵种，远不及唃厮啰的侄孙溪巴温及木征兄弟有广泛的群众基础，不能服众的阿里骨只能依靠血腥镇压维持统治，青唐的内部纷争再起。

宋朝不愿青唐发生内乱给西夏制造机会，就告诫阿里骨以仁厚为先，不要滥杀，"当推广恩信，惠养一方"，方不辜负朝廷对他的封立之意。结果，阿里骨觉得宋朝是不是对他有意见，内心颇不自安，就一改董毡亲宋的政策，去和西夏秘密结盟一起侵宋。但随着鬼章被钟谊擒拿，又很快向宋乞降，他的背盟导致青唐和西夏的关系再次降到冰点。

绍圣三年（公元 1096 年）九月十三日，阿里骨卒，其子瞎征嗣位。阿里骨在位时，青唐的内部矛盾都没有消除，反抗持续不断，能力远逊于其父的瞎征更是无力弹压，但他偏偏还"性嗜杀"，听信有二心的大酋心牟钦毡的离间，杀害雄勇、多智的亲叔父苏南党征，并尽诛其党，唯有一个叫篯罗结的人逃出去，投奔溪巴温，劝说溪巴温逐瞎征自立，时为元符二年（公元 1099 年）三月。

溪巴温不愿意和瞎征撕破脸，篯罗结就哄骗他的长子杓拶（biāo zā），来到溪哥城，劝说溪哥城大酋嘉勒摩、巴桑济等奉杓拶为主，瞎征派鬼章之子阿苏讨伐杓拶。当年五月，阿苏通过欺骗嘉勒摩见到杓拶并杀之。受骗的嘉勒摩很愤怒，联络廓州蕃部攻打阿苏，丧子的溪巴温也攻打阿苏，溪哥城的人看到佛种溪巴温来，就杀阿苏迎接溪巴温进城。执着于找瞎征复仇的篯罗结，在杓拶被杀后又跑到河州，对知河州王赡说"取青唐之策"，请大宋出兵平青唐之乱。

王赡是熙河开边的二代，他的父亲王君万就因为开边立功升职。元符初，王赡因为白草原冒功事件接受权陕西转运使张询（章惇妹夫）的审查，为了减轻罪过，王赡建议张询说"青唐人有叛瞎征意，可取也"。张询就让王赡拉络归宋的两个蕃族相约进攻瞎征，然后奏报朝廷批准。朝廷因此引起轩然大波，曾布愤怒地咆哮"今但以王赡一言为信，便约以举兵，殊不可晓。张询何敢尔！"最后张询被罢黜，王赡则被朝廷斥责

"狂妄专辄"夺官，但仍领河州。

如今篯罗结跑来游说他取青唐，正合戴罪亟须翻身的王赡之意，和熙河经略司属官王厚（王韶之子）一起策划谋取青唐。就在这时，西蕃大酋边厮波结兄弟，带着麾下首领也来河州叩门，声称要以讲朱、一公、错凿、当标四城以及所管蕃兵六千一百四十八人来降。

边厮波结是鬼章的孙子、结呎龊（wǎ chuò）之子、阿苏的侄子，鬼章曾逐赶过溪巴温，阿里骨还把溪巴温舅舅郎戬家族的领地送给鬼章，失去地盘的郎戬（jiǎn）带着全家愤而投宋，他的儿子朗阿克章官至右班殿直。而溪巴温的长子朸掺又被阿苏所杀，如今溪巴温再杀阿苏自立为王，两家可谓血海深仇。

溪巴温的得势，让身处河南的边厮波结内心不自安，怕溪巴温清算他的家族，因此请求归宋，并主动向宋人透露青唐的情况，说瞎征已经被心牟钦毡囚禁，青唐陷入混乱，如果现在出兵，青唐是唾手可得的。

王赡很振奋，就把具体情况以及熙河兰会路经略司上报朝廷，又遣门客黄亨悄悄把他夺取青唐的方案送给宰相章惇，乞速取青唐，"今时不可失"。章惇也是个很有理想的人，他私下向熙帅孙路询问青唐的情况，同样希冀建功立业的孙路回复说"青唐必可取"，两人一拍即合，私下商量用兵河湟的具体措置。

此时的青唐已经濒临崩溃，心牟钦毡也暗中和溪巴温通使，青唐之主瞎征的倒台是毋庸置疑了，大族豪酋们见势不妙，有拥兵自保的，也有很多像边厮波结一样跑来投宋，来者不绝。

孙路派蕃将朗阿克章去接纳边厮波结，但又听信人言，疑心朗阿克章要针对边厮波结报私仇，担心他影响招纳计划，孙路准备把他置之于法，被朗阿克章觉察，遂抛妻弃子逃出河州，正是这个叛逃的朗阿克章，后来成为元符之役功败垂成的最大"祸首"。

元符二年（公元 1099 年）七月七日，王赡接纳边厮波结及其四城。孙路把接受降蕃的情况源源不断送回朝廷，却没有奏报溪巴温的情况，引起曾布的疑心，章惇这才把孙路和他私下商议的谋取青唐计划告知曾布：溪哥城原来是积石军，如果溪巴温归降了，就任命他为阁门使、知积石军，等取下邈川和青唐，就建为州，让他人领之，吐蕃首领不必再设置了。

很显然，在章惇和孙路的计划中，是不准备再让唃厮啰子孙继续盘踞河湟了，比神宗朝王安石、王韶经略熙、河的策略更进一步，准备把青唐之地全部变成郡县纳入大宋的版图。曾布对此表示很震惊，他没想到章惇和孙路的胆子这么大，居然敢瞒着朝廷如此操作，自然极力反对。

曾布认为溪巴温是唃厮啰之后，人情所附，如果把青唐交给他人，恐怕不能稳定局势。朝廷"何必贪荒远之地"，与唃厮啰之族为仇敌呢？

最后闹到哲宗面前，年轻的哲宗一直都以皇父神宗为榜样，决心绍述神宗的业绩，一改元祐年间对西夏的防御退守政策，积极进攻西夏右厢，此时自然偏向章惇的取青唐计划，就命孙路把将来如何对待溪巴温的措置详细闻奏。

这时，王赡请求出兵青唐的奏疏又到了，他慷慨激昂地向哲宗陈情：河湟自古以来就是中国领土，只不过是陷没吐蕃时间久了。瞎征是受我大宋封爵的青唐之主，诸酋却擅自逼废，致使青唐国中扰乱，自相残杀，我大宋"义当拯之"。何况青唐北有强邻夏国，西有回鹘吐蕃以及西域诸国，如果青唐为他国所并，我大宋的边患就会更大，"取乱侮亡，兼弱攻昧"，现在正是时候。

哲宗很赞同王赡的建议，"善其计"，决定让熙河路出兵青唐，七月十八日，哲宗诏令熙帅孙路驻河州主持大计，以王赡将河州军兵为先锋，熙河兰岷路副都总管王愍（mǐn）统熙、岷军马策应，出兵青唐，去招纳邈川诸酋，元符河湟之役正式拉开序幕。

元符河湟之役

七月二十三日，王赡、王愍率军从河州出兵，由于熙帅孙路不喜王赡，认为他"狡狯（kuài）难制"，所以专门任命王愍统军而以王赡为副手，他的安排让"首议取吐蕃"的王赡内心很愤懑。

尽管王赡、王愍不和，但由于青唐内乱，战事进展仍旧非常顺利，七月二十五日，王赡就进入邈川。入城后，王赡隔过上级帅府直接向朝廷报捷。孙路知道后，越发讨厌王赡，把兵权专任王愍，并对王赡的合理诉求"辄弗应"，不甘示弱的王赡转头向朝廷告状。

宋军收复邈川，让青唐陷入无险可守的境地，人心更散了，心牟钦毡就驱逐瞎征，准备降宋。瞎征为了避祸，于七月二十九日和妻子在城西佛舍剃发为僧尼，又于八月二十三日降宋。

青唐无主原本是宋军进取的好机会，但宋军将帅却弃略地不顾而去专心内斗，差点让归降的宗哥城再次失去。幸好留守邈川的王厚和高永年两人应对得当，迅速出兵前往宗哥弹压叛军，抚定宗哥城。而王厚和高永年也在此次事件中惺惺相惜，为后来成为崇宁河湟之役的主副将领奠定基础。

眼看孙路、王赡的争讼已经影响战局，朝廷自然不愿意，因为王赡是取青唐的首议者，风头正劲，朝廷就以孙路"措置邈川事乖错"把他调离熙河，移知河南府，以知庆州胡宗回知熙州。

瞎征降宋后，篯罗结又去游说心牟钦毡，让他迎接陇拶为国主，于是，心牟钦毡就派人去迎接陇拶，于八月二十八日进入青唐。九月十二日，胡宗回来到熙州，命王赡即刻进军青唐，又命人去扫荡溪巴温、陇拶父子，并擒捕复叛的朗阿克章。

此前埋怨孙路"不专委己"、自己不用重兵就可以取青唐的王赡，这时又认为青唐有了新主，己方失去先机，且西夏在侧对邈川虎视眈眈，不宜轻举妄动。朝廷还因为王赡的牢骚追罪孙路。

曾布担心万一青唐拿不下，熙河之兵连年征战已经不胜疲敝，面对人情反侧的青唐，以及不愿被招纳的陇拶，该如何弹压？章惇却不以为意，认为陇拶只是心牟钦毡的傀儡，不足为惧，"陇拶小儿无能为，乃心牟钦毡作尔，必旦夕可了"。

曾经拥有精兵二十万的青唐，尽管被宋廷招抚三分之二，仍尚有七八万之众，具备一定的实力。但架不住吐蕃人自己作死，心牟钦毡自从陇拶入城，和亲族"挟势恃强，攻夺余部"，以至于上下厌苦，尽怀二心。听说王赡已经到宗哥，心牟钦毡更是无心抵抗，只想归汉，就把陇拶囚禁于别室。

九月十三日，心牟钦毡遣子前去宗哥向王赡通款，王赡对其子热情款待厚贿一番，表示只要主动投降，大宋绝不辜负他们。心牟钦毡这才坚定降宋归汉之心。

面对青唐请降，王赡却依旧驻守宗哥"迟疑不进"。让胡宗回很恼火，"日夜趣赡出师"，还遣使以军法警告王赡，并把王赡的老对头王愍遣派到邈川，声言准备让王愍取代王赡。

王赡闻讯大惧，担心自己被摘桃子，迅速令部将占据在宗哥、青唐之间控扼要处的安儿城。

九月十九日，见宋军入驻安儿城的心牟钦毡，和结呕龊一起前往宗哥拜见王赡。九月二十日，王赡率步骑万人和心牟钦毡等一起去青唐，傀儡青唐主陇拶与诸部大酋，以及契丹、夏国、回鹘公主出降，王赡进入青唐。

青唐自从安史之乱陷没吐蕃三百三十七年后，终于被大宋军队收复，再次飘扬起中原王朝的大旗。

闰九月三日，收复青唐的捷书抵达朝廷，宋廷上下都为这件事沸腾起来，心情愉悦的哲宗皇帝在初四宣布，以青唐为鄯州，邈川为湟州，宗哥城为龙支城，廓州为宁塞城，均隶陇右节度，仍属熙河兰会路。并嘉奖升迁胡宗回、王赡、王厚等功臣。

闰九月五日，宰臣章惇率百官上表，贺收复青唐。章惇在贺表中回顾河湟沦陷的往昔，批评唐及五代的"不纲"与"莫思攻取"，以致吐蕃肆虐；夸赞宋军"尽定西羌之新宇，悉复汉唐之旧疆"。哲宗开心地和群臣同庆，并诏令归降的瞎征、陇拶等人，分批次入朝面圣。又遣官奏告太庙、诸陵。

陷入欢乐海洋中的朝廷并不知道，遥远的青唐此时已经风云突变，烽烟再起。

早在宋军收复青唐之际，随军进入河湟、撰写过《青唐录》的左班殿直李远，就忧心忡忡地和王愍议论过时局，认为王赡不先修缮加固邈川以东的城防，急着收取青唐并不是明智之举，他从当时的局势分析，认为青唐有四不可守：道路险远救援不及；关隘易守难攻；王师疲惫"衣屦穿决，器仗不全"，容易引起敌人的轻视；粮草供应不上。所以，即便大军进驻青唐，也"难以久处"。之后的局势果如李远所料。

当心牟钦毡等降人看到宋军的气象，果然认为官军不过是外强中干，内心又蠢蠢欲动，企图向西夏借兵夺回青唐和邈川。王赡也感受到青唐城的人心浮动，为了控制大局，他授意诸酋长选拔部属中最精壮者，在胳膊上刺字编入大宋军籍。但首领们都准备反宋了，怎么可能把自家的精锐与人，于是纷纷找理由故意拖延不办。

这时，篯罗结又跳出来忽悠王赡，让王赡放他回本部去选拔精锐入军籍，为其他酋长做榜样。王赡信以为真，许他出城。篯罗结离开青唐后，就四处奔波联络部族，相约在闰九月初九同时出兵，夺回青唐、宗哥、邈川。

到了初九，相约起兵的诸部果然同时兵围三城，西夏也出兵相助，邈川被围时间最长，足有十六天，如果不是年过花甲的王愍以死固守，在夏蕃联军的强势围攻下，邈川城"几殆"。

虽然三城被围时间不长，但因为"累日道路不通"与朝廷完全失联，对朝廷的震动还是很大的，毕竟收复两郡的喜庆劲还没过去，就要面对得而复失的局面，对要面子的朝廷来说实在太难堪了。

因此，等青唐、宗哥、邈川的道路通畅，解围的捷书于十月初四抵达朝廷时，不管是皇帝，还是宰执，都长吁一口气：朝廷才新建两郡，万一沦陷，"何以示四方后世"？幸好解围了，这都是祖宗社稷保佑啊！

王赡在解围后对吐蕃人展开血腥的报复，先诛杀复叛的大首领心牟钦毡、结吭龊等九人，然后不分青红皂白"悉捕城中诸羌斩之"，以致"积级如山"。但他的镇压并没有震慑住吐蕃人，反而大失人心，青唐的局势依旧是暗潮汹涌。

当初瞎征被废，青唐无序，府库珍宝、粮食多为诸酋侵盗，等王赡进城，盘点粮草，仅有十四日之量。复叛的吐蕃人被击退后，城中已经没有粮食，宋军只能出兵劫掠蕃部，"日苟一日"。

篯罗结却犹如打不死的小强，又收集残兵，走保青唐崍（wéi）以自固，和官军打游击，你来我藏，你走我抢，把缺衣少食的宋军折腾得疲惫不堪又无可奈何。与此同时，逃到河南的朗阿克章也纠集部族袭击宋军，给宋军造成不少困扰。

熙帅胡宗回遣河州都监王吉，率五百骑讨平朗阿克章，结果全军覆灭。胡宗回又遣魏钊前去讨伐，魏钊也败死。胡宗回再催新上任的河州知州种朴出兵，种朴以"贼锋方锐"且天气寒冷为由，请求暂缓出兵。胡宗回不听，三番五次地派人催促种朴出兵，被上官胁迫的种朴只好出兵，结果中伏而死。

种朴的死使宋廷"上下惶骇",士气也日渐消沉,熙河"将士气夺,无敢复言战者",河州、岷州及诸城寨堡天天担心蕃人来攻,青唐的道路也再次中断。与之相反的是,吐蕃人士气大振,箖罗结又联合其他首领拥立溪巴温的第三子锡罗萨勒(小陇拶)为主,据守青唐崄,继续游击战。

元符二年(公元1099年)十一月三日,泾原路经略使章楶(jié)上书提出"休兵息民"的建议,得到很多大臣的响应。自从兴兵以来,单湟州一州就"岁收息至三百万贯",再加上其他诸州耗费可想而知,官军在青唐的窘境以及沉重的经济负担,让朝廷不得不考虑撤出河湟。

元符三年(公元1100年)正月十二日,哲宗驾崩,徽宗赵佶即位,由嫡母向太后权同处分军国事。从此,直到徽宗亲政,都是反对开拓的大臣占据上风。

同年三月十八日,宋廷诏建湟州为陇右都护府,以王赡为都护、知湟州,这是大宋初置陇右都护府。四月初一,收复仅半年的鄯州被弃,王赡返回湟州出任都护。溪巴温和儿子小陇拶入主青唐。随即在五月,王赡就和王厚以侵盗青唐邈川珍宝之罪一起被罢职。九月,章惇罢相。

建中靖国元年(公元1101年)二月,章惇再次被窜贬。三月,吏部侍郎张舜民上书谴责道,"关中之民十无四五,以今日之势,而犹贪无用之空土,非卖国而何"?

朝廷遂又弃湟州,大宋陇右都护府废。王赡也被除名勒停，不刺面流放昌化军，自觉人生无望的王赡走到邓州时自缢死。

元符河湟之役就这样龙头鼠尾。

王厚崇宁河湟之役

元符三年七月初一，向太后诏罢同听政，年轻的宋徽宗赵佶亲政，他在皇位巩固后，政治意向也开始转变，又一次把绍述神宗遗志的大旗举起来，对内恢复变法，对外则力主开边，进兵的目标依旧是河湟唃厮啰政权。

早在徽宗即位之初，曾以青唐降主陇拶为凉州刺史、知鄯州军州事，特封武威郡开国公，于岷州住坐，又赐姓名赵怀德。徽宗对陇拶的封赏如此丰厚，自然是希望他能回鄯州（青唐）去笼络部族，分化溪巴温、小陇拶的势力。

但徽宗的期待注定要落空，此时赵怀德的弟弟小陇拶已经在鄯州巩固地位，具备一定的实力，赵怀德连鄯州都回不去了。徽宗无奈，只好在建中靖国元年（公元 1101 年）三月十二日，又以赵怀德知湟州，让他回湟州去"招纳携叛，镇遏边境"。

然而就在当年三月，宋廷又弃湟州，小陇拶很快夺回湟州，势单力薄的赵怀德只能仓皇出逃河南，又落到朗阿克章和缅什罗等河南大酋手中充当吉祥物。

连弃鄯州、湟州的宋廷，此时也不得不承认小陇拶青唐主的地位，于建中靖国元年十一月，授西蕃小陇拶为西平军节度使、邈川首领。又在崇宁元年（公元1102年）十一月五日，授予其鄯州刺史、充西平军节度使、西蕃邈川首领的职位，特封敦煌郡开国公。

在第二次封授小陇拶时，徽宗已经决意再次用兵河湟，他不仅在御制文中斥责反对开拓的大臣，还追究元符末、靖国初弃河湟之罪，韩忠彦、曾布等重臣都被贬出朝廷。又在年末升迁参与元符河湟之役的王厚为东上閤门副使、知岢（kě）岚军，赐对崇政殿。种种迹象无不表明徽宗对外扩张的政治意图。

王厚是王韶的儿子，且参加过元符河湟之役，与王赡做过搭档，对河湟的情况了如指掌。他在接受徽宗召见时，就把自己制订的收复河湟战略计划全盘托出。

想恢复故土，"当以恩信招纳为本"，的确是"顽悖不服"再予以加诛，不过是破荡一两个部族就摆平的事。湟州被收复的时间最长，"人情浃洽"，所以只要王师一出就能立即收复。但鄯州、廓州须得过了年，稳定后方形势，然后出兵才可定。收复故土后，可以把目光放在大河之南的河源、积石诸城，那里土广人众，自成一国，应该多花些时间对其施与恩惠，招纳安抚，开辟新的疆土。徽宗听了深以为然。

崇宁二年（公元 1103 年）正月二十七日，徽宗任命王厚知河州，兼洮西沿边安抚司公事，专门招纳鄯州、湟州诸羌。

王厚对开边熙河是耳闻目睹，本人又亲历了虎头蛇尾的元符之役，明白其父王韶能功成名就，而王赡却功败垂成的根本原因，所以，他在接受任命后，直接向徽宗提议，请允许依照其父经制熙河的先例，事权归一，别给他头顶"弄个婆婆"，"乞依熙宁故事，并付本路经略司及所委措置官看详"。徽宗同意他的请求，又派内客省使童贯监军。堪称大宋帝国最后辉煌的崇宁河湟之役，就此拉开序幕。

王厚甫一到任就展开他的大计，他深谙吐蕃情状，知道诸部族"分离不一，互相窥伺"，并不能同心协力共抗外敌，只要对其施与小恩小惠，必然能瓦解来降，剩下宁死不降的只不过是少数。因此，他一面分遣间谍深入蕃部去晓谕恩信，一面传檄岷州高永年、兰州王端（厚弟）等各行招纳。

果不其然，有不少首领见风使舵来给王厚"暗送秋波"，大姓名酋们相继出降，"愿为中国用者甚众"，王厚遂决定出兵湟州。在出兵之前特意屯兵京玉关、安乡关，防备西夏及西蕃河南强梗部族窥伺边面。

解除后顾之忧后，六月十四日，王厚和童贯兵分两路向湟州并进。一路由岷州将高永年为统制官，率兰州、岷州、通远军汉蕃兵马二万，出兰州京玉关。一路由王厚、童贯率领出河州安乡关，渡过大河，上巴金岭（安川堡）。

六月十七日，从熙州出发的王厚到安乡关，直趋巴金岭。十八日大破吐蕃军，"凡斩首二百一十三，遂克其城"。巴金岭之战让宋军军威大振，"远近争降附"。十九日进军瓦吹寨，二十日进军乩（qié）当，二十一日进陇朱黑城，二十二日进至湟州，与高永年的北路军会于城东坂上。

高永年部进军也很顺利，六月十八日收复通川堡。十九日夺取把拶宗城，连克通湟寨。二十一日就抵达湟州，陈兵于东阪之上。二十二日，与王厚大军会合。

据守湟州的是大首领丹波秃令结，属于拒不投降的顽固派，但架不住其他首领想投降，大首领苏南抹令哑（wǎ）见宋军势大，约为内应，为宋军打开城门，诸军鼓噪而进，丹波秃令结仅带数十骑从西门逃往宗哥（龙支城）。

六月二十四日黎明，宋军再次进入湟州，王厚分兵屯守要害堡寨，犒劳归降酋长，然后向朝廷报捷，此战"攻凡三日，斩首八百六十四，生擒四十一人，临阵降者一百八十三人，前后招纳湟州境内漆令等族大首领潘罗溪兼籛七百五十人，管户十万"。

宋军还未攻克湟州时，鄯州的小陇拶率军前来救援，但才过安儿峡，就听说城破的消息，只好进驻宗哥城，把守城不力的丹波秃令结斩杀示众。

王厚重新收复湟州后，并没有利令智昏听从诸将的撺掇"席卷而西"，而是有条不紊地巩固湟州地区，着重经营湟州南边的虬当（来宾城）、西边的省章（绥远城）、北边的南宗寨（临宗寨）三处要害之地。

正当宋军在省章东峡之西建关隘时，小陇拶派人来求和，"请保渴驴岭以西"。他的请求正中王厚先固湟州、再图鄯州的图谋，为了麻痹小陇拶，王厚同意请和。

七月二日，宋廷以收复湟州，百官入贺。徽宗颁诏嘉奖王厚，夸他"举无遗策。师不逾旬，武功克著"，升迁官职，并犒劳众将士。又在八月初一再论弃河湟罪，追贬韩忠彦等大臣。王厚巩固湟州后，又去措置连接河州、岷州的河南之地，降服诸部，九月返回绥远城，十月四日回熙州。

崇宁三年（公元1104年）三月十九日，王厚准备用兵鄯州，他依旧提前做好防范西夏的准备，然后才专力西征。

三月二十九日，王厚、童贯率大军从熙州出发，四月初七至湟州，兵分三路：王厚、童贯率中军从绥远关、渴驴岭，剑指宗哥城；高永年率前军从湟州西北的胜铎谷沿着宗河之北行军；张诚、王端等从汪田、丁零宗谷沿着宗河之南进军，四月初九在宗哥城下会合。

小陇拶一面向西夏乞兵，一面集结大军屯驻宗哥。四月初九，宋、蕃两军在宗哥城外展开崇宁之役中规模最大的一战。

登上土山遥望战场的小陇拶，本想以逸待劳，擒贼先擒王抓住王厚和童贯，却不想王厚把中军变后军，涉河潜到他的后背来瓮中捉鳖，小陇拶惊慌逃走，黄屋大旆（pèi）都丢弃了，宋将张诚捡到大斾后高喊："抓到小陇拶了！"不明真伪的蕃人更是兵败如山倒。

宋军顺风乘势追击，从早上到中午，"斩首四千三百一十六，降俘三千余人，大首领多罗巴等皆被伤逃去，不知所在"，小陇拶单骑逃往宗哥城，但宗哥闭门不纳，他又逃到青唐，准备据城坚守，却没人附和他，反而把他赶走，他只好带着妻子逃入豁（xī）兰谷山中，后在宋军的追捕下逃匿青海，辗转跑到西夏。

王厚集合大军略做休整，在四月十一日进入安儿城（堡塞寨），四月十二日，率大军出青唐峡，来到鄯州城东五里，龟兹公主、宋封齐安郡夫人青宜结牟，已经率领大小酋豪等待归降，鄯州再一次被大宋收复。

当宋蕃在宗哥城大战之前，西夏也出兵万余，陈兵于湟州临宗寨乳酪河之东，准备增援青唐，但很快听说小陇拶兵败的消息，士气沮丧。王厚听说后遣张诚率军前往迎击，夏军望风而退。

四月十六日，王厚率军南下进入廓州地界，十八日收复廓州，蕃部大首领们纷纷来降，王厚都宽厚对待，宣示朝廷抚存恩意，告诫他们只要不肆意妄为，就不会"自取屠戮"。

四月二十二日，徽宗以王厚、童贯收复汉唐故土，喜气洋洋地接受群臣的祝贺，并为王厚、童贯升职。四月二十七日，大功告成的王厚班师，他率领大军沿着兰州大河，在邻近西夏

244

东南的边境，"耀兵巡边"，然后才返回熙州。

五月五日，以收复三州，徽宗遣官奏告太庙、社稷、诸陵。五月十二日，改鄯州为西宁州，重置安抚使都护（陇右都护府），以高永年知军州事兼领之。

王厚主持的崇宁之役，收复湟、鄯、廓三州及河南地土，计招降首领二千七百余人，户口七十余万，前后六战，斩获一万余人，开拓疆境幅员三千余里。后来童贯又在大观二年四月收复洮州，五月收复积石军。

到北宋灭亡之际，宋廷基本控制河湟地区，实现"唃厮啰之地悉为郡县"、从西北俯瞰西夏右厢、对西夏实施左右夹攻的战略目标，让中原王朝的大旗飘扬在河湟上空。

从北宋后期对西夏的战事看，宋廷很明显有从湟、兰、会切入直逼西夏右厢、图谋凉州的意图，如果真的拿下凉州，只要赵宋官家不猜忌，选择通材明敏之士，打通河西走廊、压缩西夏的生存空间，最终吞并西夏也不是不可能，宋徽宗定会因此成为大宋的盖世雄主。

但遗憾的是，崛起于东北的那个暴发户来了。

《敦煌英雄：镇守绝域二百年》
编写团队

江映烛：卷首、第七篇、第八篇、第十篇、第十一篇、

第十二篇、第十三篇、第十四篇、第十五篇

念　缓：第一篇

张诗坪：第二篇

郭晔旻：第三篇（部分）、第四篇、第五篇、第九篇、

第十六篇

黑色君：第三篇（部分）、第六篇

猴　格：第十七篇、第十八篇